6시그마 경영

SIX SIGMA MANAGEMENT

6시그마 경영

아오키 야스히코 · 미타 마사히로 · 안도 유카리 지음
한국능률협회 식스 시그마 추진팀 옮김

21세기북스

추천의 말

한국의 경제가 오늘의 위기를 극복하고 IMF관리체제로부터 다시 일어서기 위해서는 우리의 산업 전체가 신속하게 경쟁력을 회복하여 견인차 역할을 해야 한다고 생각한다. 이를 위해서는 국내의 모든 산업과 정부의 공공 서비스 조직 전 분야에 걸쳐 새로운 개념의 경영품질 운동이 확산되어야 한다고 믿고 있다. 우리의 경제가 외형과 양적으로는 고도 산업국으로 진입해 왔지만, 우리의 기업과 정부 및 사회의 각종 시스템 속에는 아직도 엄청난 비효율과 불량과 낭비요소가 그대로 남아 있어, 이를 신속하게 제거하지 않고는 더 이상 선진국 경제체제로 발전할 수 없는 한계에 도달해 있다.

식스 시그마(Six Sigma) 운동이라고 명칭하는 새로운 개념의 '경영품질 운동'은 종래의 품질 운동이 추구했던, 제품과 생산공정에만 국한하지 않고 모든 관리시스템과 서비스의 전 분야에까지 적용함으로써, 경영관리의 총체적 프로세스에 내재된 모든 종류의 불량 요소를 제거하고, 불량과 관리시스템의 착오가 유발하고 있는 엄청난 규모의 경영 손실을 획기적으로 극소화시키는 데 역점을 두고 있다. 식스 시그마 경영품질 운동은 선진국의 초우량 기업들에게 확산되고 있으며,

실제로 GE의 경우 95년부터 이 제도를 도입하여 지난 3년간 이미 수십억 달러의 경제적인 효과를 보고 있다. 이제 품질 운동은 장기적인 투자라는 관념에서 벗어나, 기업의 단기적인 순이익 창출에 획기적인 수단이 될 수 있으며, 최고의 기업 경쟁력을 성취할 수 있는 새로운 차원의 경영혁신으로 인식되어야 한다.

과학적인 분석 기법을 사용하는 식스 시그마 경영품질 운동은 제품과 서비스 및 관리 프로세스를 분석·개선하여 무결점에 가까운 품질 수준으로 향상시킴으로써 조직의 손실을 극소화시키고 이윤을 극대화시키는 것이다.

조직의 품질을 식스 시그마 수준으로 높이기 위해서는 우선 과학적으로 프로세스를 분석하고 제품 불량과 착오를 제거하고 시스템의 문제를 근본적으로 개선하여 해결할 수 있는 능력을 갖춘 전문가 집단을 양성해야 하며, 또한 조직의 최고 책임자의 지휘하에 전체 조직원을 훈련시켜 품질 요원화함으로써 각자가 맡은 분야에서 제품과 업무의 품질 및 생산성을 획기적으로 개선할 수 있는 조직의 기반을 조성하는 것이 선행되어야 한다. 식스 시그마 운동은 조직원 전체가 참여하는 품질개선 운동이다.

우리의 산업 전반에 걸쳐 새로운 개념의 식스 시그마 품질 운동 확산이 시급한 때 미국에서 성공을 거둔 경영품질혁신프로그램을 일본 산업이 동양적 시각에서 받아들인 본 저서를 한국능률협회의 도움을 얻어 21세기북스에서 번역·출간하게 되어 새로운 경영품질 운동의 개념을 인식시키고 널리 확산하는 데 매우 고무적이라고 생각한다. 경영의 과학인 식스 시그마 활동의 구체적인 내용을 담은 본서는 식스 시그마 운동의 태동배경, 식스 시그마의 도입환경, 식스 시그마 활동의 적용배경, 식스 시그마 핵심인력의 교육훈련방법, 식스 시그마의 통계적 근거, 적용방법론 등으로 구성되어 있어 기업의 경영합리화와 TQM분야의 전문가 및 관심 있는 실무자와 경영자 들에게 식스 시그마 활동의 실체를 이해하는 데 도움이 될 수 있는 정보의 원천이 되리라 믿는다.

　끝으로 경영품질 향상에 항상 관심 있는 국내 우량기업의 대표들로 구성된 한국능률협회 식스 시그마 특별위원회의 아낌없는 지원을 통하여 한국의 기업과 공공부문의 경영 효율과 품질이 세계적인 수준으로 향상되어 경제위기 극복의 주역이 되기를 기대한다.

한국능률협회 식스 시그마 특별위원회 위원장

姜錫珍(현 한국GE 사장)

지은이의 말

  미국의 대기업은 어떻게 부활했는가. IBM의 하드 비즈니스에서 소프트 비즈니스로의 전환이나 리스트럭처링은 미국의 부활 요인의 하나가 될 것이다. 그러나 그러한 과감한 합리화나 전략의 일대 전환 이외에도 견실한 경영혁신 노력도 있었던 것이 아닐까. 기업 규모의 크고작음에 따라서 적용해야 하는 경영이론이 별도로 결정되어질 수는 없지만 떠오르는 신흥기업(Start-ups)의 방식을 모방하는 것만으로는 역사와 전통 있는 기업이라고는 생각할 수 없다. 왜냐하면 현 시점에서 신흥기업의 성장 요인은 경영력이 아니라 오로지 기업의 단순한 구조, 기술의 특수성, 주식 공개로 얻은 자금 유입의 윤택함, 종업원이나 경영진의 젊음에서 오는 활력 등에 있다. 그와 같은 벤처 모델과는 다른 대기업 모델의 경영기법이 당연히 있을 것이라는 게 우리들의 문제 의식이다. 그러나 '경영혁신'을 지향하는 대기업의 다수의 경영기법은 경영의 벽에 부딪힌 대기업이 신흥기업을 모방하고 있는 데 불과한 것이 실상이다. 대기업에 있어서 벤처기업의 설립이나, 신흥기업 매수에 따른 조직활성화는 잔재주의 기법이다. 대기업에는 대기업 나름의, 아니 대기업만이 할 수 있는 경영기법이 당연히 있을 것이다.
  이 책에서 소개하는 식스 시그마 기법을 1980년대 초에 개발하여 처음으로 생산 프로세스에 사용한 것은 모토롤라였다. 이 무렵 이후 미국 경기는 오랜 정체기에 들어섰고, 특히 대기업의 침체가 격심하였다. 소형화 · 경량화 · 개방화에 따라서 대규모 시스템으로 이익을 올려온 기업은 모조리 매출과 수익을 저하시켜 왔다. 이와 전후해서 실리콘 벨리에서는 신흥기업들의 대두가 시작되었는데, 국가 경쟁력의 총체적 관점에서 본다면 일본의 호조에는 훨씬 못 미쳤다. 이런 속에서 모토롤라는, 제품의 품질을 극히 높은 수준에 설정하는 것으로부터 자사의 경영혁신에 착수하기 시작하였고 호시탐탐 다시 한 번 미국의 경쟁력이 일본을 역전하는 날을 기다렸던 것이다. 식스 시그마 기법은 높은 수준의 목표설정을 하는데, 이 목표를 달성 못하면 이 기법이 실패하는가 하면 그렇지는 않다. 회사 전체의 규모에서 이 목표를 달성한 기업은 아직 한 개 회사도 없는 것이 실상이다. 그러나 식스 시그마 기법이 전제로 하는 높은 수준의 목표에 가까이 가겠다는 자기 변혁의 프로세스야말로 종업원을 분발시키고 조직을 활성화시켜 제품의 품질을 올려 코스트를 절감시키기 위한 합리적인 코스가 되는 것이다. 식스 시그마 기법은 단기적인 코스트 삭감을 지향해서 실행하는 합리화 등과는 다른 견실한 경영혁신 노력이다.

그러나 이 기법의 도입에 있어서는 도입 후 수년에 걸쳐 이러한 기법 및 개념을 사내 구석구석에까지 침투시켜 일정한 효과를 발휘하기까지 견실하게 계속시키겠다는 강한 의지가 필요하다. 이런 의미에서 우리들은, 식스 시그마 기법의 도입과 추진 의사결정은 강력한 톱다운으로 이루어져야 한다고 생각한다. 1980년대 초에 일본 기업이 제품의 고품질로 미국 시장을 석권하고 있던 시기에 모토롤라 등은 문자 그대로 와신상담하여 머지않아 제품 품질에 있어서 미국이 역전을 하게끔 식스 시그마 기법을 개발하고 있었다. 즉 식스 시그마 기법은 품질 입국 일본에 내던져진 도전장인 것이다. 1998년이 되어 식스 시그마 기법의 전사적인 도입을 톱다운으로 결정한 소니(SONY)의 이데이 노부유키[出井神之] 사장은 식스 시그마 기법 도입의 이유를 '기합만으로는 미국에 이길 수 없기' 때문이라고 말하고 있다. 일본 기업에 있어서 현재는 바로 굳건히 살아남아야 할 시기일 것이다. 이러한 시기야말로 들뜬 정신론에 현혹되지 말고 엄하게 자기 위치를 다시 점검해야 한다. 식스 시그마 기법은 반드시 기업에 있어서의 경영혁신을 위한 기폭제가 될 것으로 믿어 의심치 않는다.

제**2**장 지금까지의 경영 · 품질관리 기법과
무엇이 다른가

제 **1** 장

식스 시그마란 무엇인가

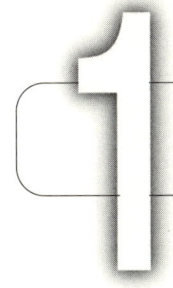

20세기 최후의 경영기법 / 식스 시그마

고객이 자기 회사의 상품 서비스에 대하여 지속적인 신뢰를 보내주는 것이야말로 기업에게는 최고의 명예이며 자산이다. 고객의 신뢰에 보답하는 최선의 방법은 고객의 손에 들어가는 상품 서비스에 불량·에러가 끼어들지 않게 하는 것이다.

그러나 사람이 하는 일이라 완전 무결한 결함 제로는 있을 수 없다. 하지만 식스 시그마라는 획기적 기법을 기업에 뿌리내리는 데 성공한다면 기업이 산출하는 상품, 서비스의 에러나 미스의 발생확률*을 1백만분의 3.4회 정도까지 억제할 수 있다는 것이다. 시그마(σ)는 표준편차*라고 불리며 분포*의 산포의 정도, 즉 에러나 미스의 발생확률을 가리키는 통계용어이다. 통계학에서는 앞서 말한 '에러나 미스의 발생

확률
특정한 사물 현상이 일어나는 가능성을 비율로 표시한 것. 예컨대 동전의 앞면이 나오는 확률은 50%(2분의 1). 제5장(p.224)에 상술.
표준편차
'산포'의 정도를 표시하는 척도의 하나. 제5장(p.228) '시그마' 항목에서 상술함.
분포
'산포'의 상태. 제5장(p.226)에서 상술함.

확률을 '1백만분의 3.4회'라는 수준을 6σ로 규정하고 있다. 6σ 수준의 에러 발생확률이면 거의 모든 품질·경영관리 목표로 충분하다고 생각한 발안자가 '식스 시그마'라는 기준으로 한 것이다. 따라서 6σ는 너무 엄격하므로 에러의 확률이 '1백만분의 2백33회'라도 괜찮다면 5σ라도 좋고, 또 '1백만분의 6천2백10회'라도 충분하다고 생각하면 4σ라도 상관없다.(그림 1)

책머리에서 '20세기 최후의 경영기법'이라고 썼는데, 원래 통계용어

그림 1　1백만 회당 에러 발생건수

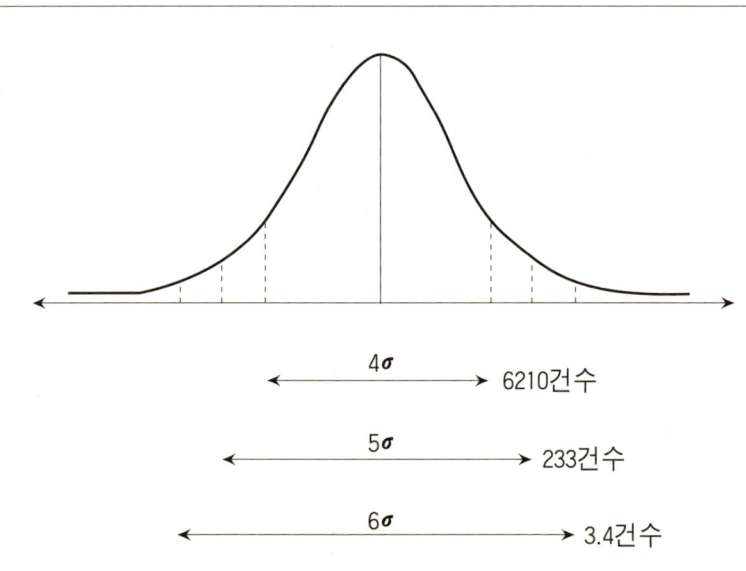

4σ　　　→　6210건수

5σ　　　→　233건수

6σ　　　→　3.4건수

에 불과한 식스 시그마가 왜 그리 중요한 경영기법으로 간주되는지 그 이유를 소개하는 것이 이 책의 목적이다.

통계용어에 불과한 6σ를 기업 경영이 도달해야 할 '목표치'로서 파악하는 것이 식스 시그마 기법의 출발점이다. 왜냐하면 제품의 품질 · 경영의 품질을 불문하고 미스나 에러에 따른 품질의 산포는 기업 경영에서 '적'으로 간주해야 하며(Mikel J. Harry, Ph.D., *The Nature of Six Sigma Quality*, Motorola University Press. Copyright 1988 Motorola, Inc. Used with permission of Motorola University Press, USA), 6σ는 산포가 실무상 실현될 수 있는 수준에서 가장 낮게 통제된 상황을 의미하기 때문이다.

앞으로 통계상의 수치로 사용할 경우에는 '6σ'로 표기한다. 또 6σ의 목표달성을 위해 필요한 도구를 '식스 시그마 기법', 그 기법을 사용해서 회사 전체가 하나가 되어 추진하는 활동을 '식스 시그마 활동', 이것들을 포괄하는 일련의 개념을 '식스 시그마 컨셉'이라고 부른다.

통계상의 수치에 불과한 6σ를 '목표치', '기법', '활동'으로 삼는 것은 경영자의 의지이다. 즉 '제품을 1백만 개 만들었을 때 불량률이 3.4 개이다'는 경영자의 의지에 따라 '제품을 1백만 개 만들었을 때 불량률을 3.4개로 한다'로 바꾸어 말할 수 있다.

즉 경영기법으로서의 식스 시그마란 미스나 에러 발생률을 1백만분의 3.4 이하로 한다는 높은 수준의 목표를 설정하고 추진하는 전사적 활동이다. 또 제품 중의 불량률만을 예로 들면 적용범위가 제조업 또는 제조부문에 한정되기 쉽다. 그러나 식스 시그마 기법은 마케팅, 엔지니어링, 서비스, 계획책정프로세스 등 경영활동 전반을 대상으로 하고 있다.(그림 2)

식스 시그마 기법이 경영기법으로서 우수한 점은 목표로 설정한 6σ라는 숫자의 절묘함에 있다. 6σ의 정의는 앞서 설명했지만 책의 오자(誤字)에 비유해 보면 좀더 이해하기 쉬울 것이다.(그림 3) 4σ의 정도는 책 한 권 30페이지당 1개의 오자에 해당되며, 5σ는 백과사전 한 세트에 1개의 오자가 포함되는 셈이다. 그리고 6σ의 경우는 작은 도서관의 전체 장서 가운데 1개의 오자에 해당된다. 또 지금 소니(SONY) '워크 맨'의 품질 수준이 6σ 수준이라고 가정하면 1979년 발매 이후 1997년 3월, 그 누계 생산 대수가 1억 6천만 대를 넘는데 그 중에서 불량품은 불과 5백44개밖에 없다는 것이다. 게다가 소니가 엄격히 실시하는 출하 검사로 5백44개의 불량품은 출시 전에 검출되기 때문에 불량품이 그대로 시장에 나도는 일은 사실상 없다. 이와 같이 6σ를 달성하는 것은 사실상 불량품이 전무한 상태를 구조적·항시적으로 유지하는 상황을 말한다.

비행기의 운항은 이미 6σ를 달성하고 있다. 그러나 항공 수하물에

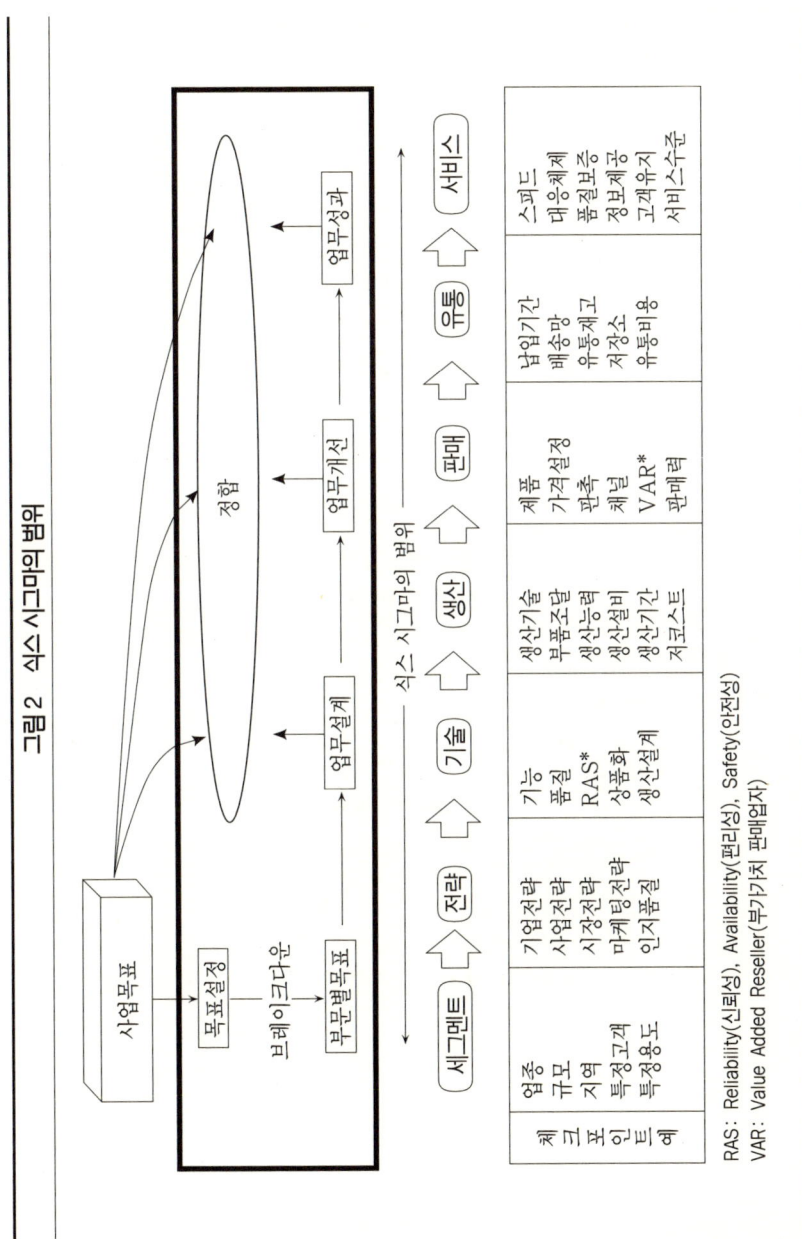

그림 2 식스 시그마의 범위

그림 3   식스 시그마 이미지

'오자'가 나올 확률

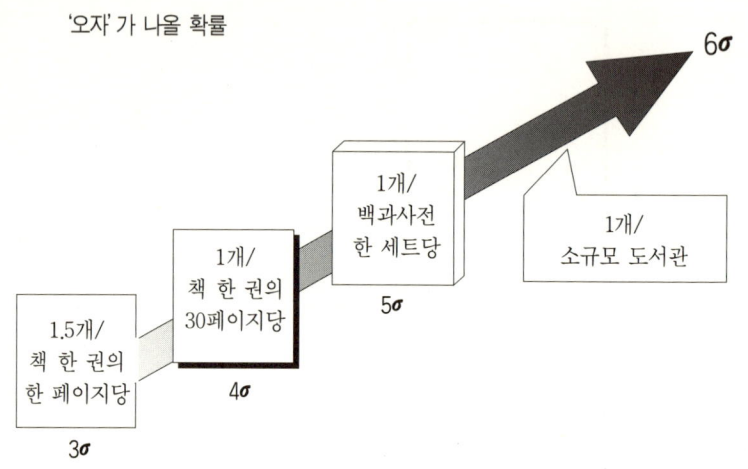

그림 4   식스 시그마의 위치설정

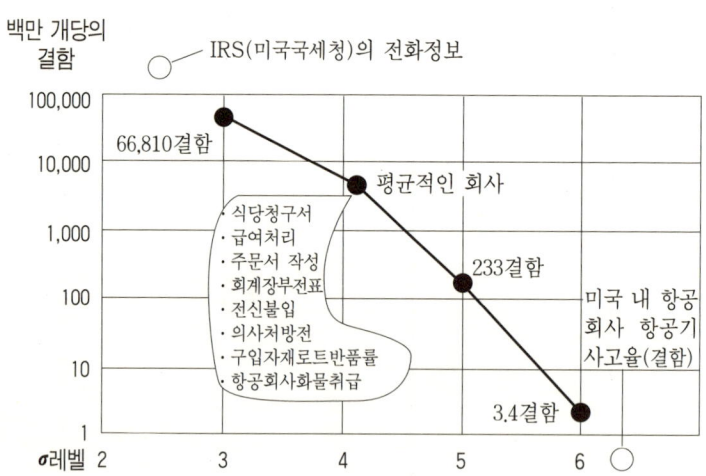

출처 : Charles A. Sengstock, Jr., *Quality in the Communications Process*, Motorola University Press. (Copyright 1988 Motorola, Inc. Used with permission of Motorola University Press, USA)

관한 에러는 4σ 정도이다.(그림 4)

수하물 업무에서도 6σ를 달성해야 한다. 그러나 고객이 항공 회사를 평가할 때 우선 안전성, 기내 서비스, 운항 스케줄의 정확성 등에 역점을 두기 때문에 수하물의 잦은 실수는 별로 신경 쓰지 않는다. 그러나 미국이 제창한 '오픈 스카이 정책'* 등에 따라 항공 산업도 국제적인 경쟁이 시작되고, 눈에 보이는 개선 척도로서 항공 수하물의 에러도 6σ를 목표로 경쟁하게 될 것이다.

이런 관점에서 반도체 메모리 생산 프로세스나 금융기관의 고도한 업무 프로세스는 4σ나 5σ의 신뢰성으로는 부족하다. 그러나 6σ 수준이라면 충분한 신뢰성을 줄 수 있고, 실현가능한 챌린지 목표, 스트레치 목표*로 사용할 수 있다. 게다가 식스 시그마 활동은 개별부문의 업무 개선이 아니라 전사적으로 대처하는 업무혁신활동*임을 생각한다면 왜 달성목표치를 너무 의욕적이라고 할 만큼 높은 수준으로 설정했는지 이해될 것이다. 또 이 기법이 경영기법으로 뛰어난 또 하나의 이유는 6σ라는 수치를 달성하기 어려운데서 알 수 있듯이, 경영관리 수준이 낮은 기업, 통계적 지식이 전혀 없는 조직에서는 도입의 실마리조차 찾아낼 수 없다는 점이다. 즉 이 기법을 확실히 이해하고 도입의 돌파구를 찾을 수 있다면 전통적 기업은 이 경영기법으로 니치(niche) 전략* 등으로 성공하고 있는 신흥기업에 대항할 수 있다.

그러나 6σ를 전사 수준으로 달성한 기업은 아직 전세계에서 한 회

오픈 스카이 정책
자기 나라를 경유하는 국제항공의 편수나 노선을 완전 자유화하는 대가로 교섭상대국의 국제편의 이착륙을 완전 자유화하도록 요구하는 정책. 일본·미국 항공교섭에서 미국이 일본에 강하게 요구하고 있다.
스트레치 목표
설정시점에서는 달성하기 위한 구체적 수단을 알지 못하는 목표. 제너럴 일렉트릭(GE)에서는 '현재의 목표달성을 확신할 때는 다음의 스트레치 목표를 설정해야 한다'고 되어 있다. 국내에

사도 없다.

6σ라는 수준이 얼마나 높은 정밀도를 요하는 것인지 이해하는 것은 여전히 어렵다. 다음으로 실무상 전혀 문제가 없을 정도로 높은 정도의 수준이 대량 생산이나 복잡한 프로세스에 적용되었을 경우 왜 위험한지를 살펴보자. 우리들이 일상적으로 하는 업무는 80%의 성공이나 95%의 목표 수행이 인정되면 대충 합격점을 주는 것이 보통이다. 그러나 그것이 99%의 신뢰도였다 하더라도 실은 위험하기 짝이 없는 수준이라는 것을 다음 사례를 통해 알 수 있다.(그림 5)

그림 5   99%의 신뢰성

99%의 신뢰도는……

· 한 시간당 우편물 분실이 2만 건
· 위험한 수준으로 오염된 물을 매일 거의 15분간 마시는 것
· 한 주일당 수술 미스가 5천 건
· 하루당 대형 항공회사가 일으키는 착륙 미스가 2회
· 한 해당 약 처방 미스가 20만 건
· 한 달당 정전 시간이 거의 7시간

출처 : Mikel J. Harry, Ph.D., *The Nature of Six Sigma Quality*, Motorola University Press. (Copyright 1988 Motorola, Inc. Used with permission of Motorola University Press, USA)

서는 '노력 목표'로 혼동되기 쉽다.
업무혁신활동
기존 업무를 근본적으로 재검토하고 개선하기 위한 경영활동.
니치전략
niche는 '홈', '적소', '오소리'라는 뜻. '틈새 전략'이라고도 불린다. 아직 수요가 채워지지 않고, 그다지 규모는 크지 않은 시장에서 독점적인 시장점유율 획득을 목표로 한다.

지금까지 미스나 에러는 다만 '나쁜 것'으로 인식되어 왔다. 물론 사업활동에 있어서 그것들이 '나쁜 것'임은 틀림없다. 왜냐하면 실수나 에러는 반드시 발생하는 것임에도 불구하고 발생률과 발생 타이밍을 예측할 수 없으므로 미스나 에러에 의한 코스트를 측정할 수 없기 때문이다. 그래도 이론상으로는 발생률을 극한까지 제로에 접근시킬 수 있기 때문에 터무니없이 기대만 높아지게 된다. 그 결과 '에러 박멸', '미스 없애기' 등의 정신론이 대두되었다. 실제로 에러나 미스의 발생을 어디까지 제로에 접근시킬 수 있을까. 일반적으로 프로세스가 관리되고 있으면 3σ(에러율 0.3%)까지가 상식이었다. 그러나 3σ로는 고도의 오퍼레이션, 예를 들면 고밀도 반도체의 제조 프로세스에서는 에러가 너무 많게 된다. 또 어디까지나 회사 내의 노동력은 상품이나 서비스로 변환되어 회사 밖으로 내보내는 것이므로 에러나 미스를 내재시킨 채 시장에 출하하는 것은 출하 직전에 정지시키는 경우에 비해 방대한 비용이 필요하게 된다. 자사가 가지고 있는 시장이 교통이나 통신 등 사회 인프라*가 아직 정비 안 된 나라이고, 게다가 그 국토까지 광대하다면 에러나 미스를 세상에 내보낸 코스트는 대단히 크다.

이러한 이유로, 목표로서의 가장 적합한 수치를 설정하기가 벽에 부딪혔을 때 식스 시그마 기법이 등장하였다. 식스 시그마 기법은 1백만 회의 오퍼레이션에서 미스나 에러 발생을 3.4회로 억제하는 구조를 구축하려고 한다. 여기서 중요한 것은 시그마의 수치가 3에서 6이 되

사회 인프라
인프라는 infrastructure의 약어. 철도, 전화, 자동차도로, 항만시설 등, 도시구조의 기반이 되는 시설을 말한다. 기반·사회기반.

어 미스나 에러 발생률이 격감한 데 있는 것이 아니다. 식스 시그마 기법의 장점은 에러나 미스의 발생 구조, 프로세스나 시스템 그 자체에 메스를 가하고 새로운 관점을 갖게 한다는 데 있다. 식스 시그마 기법에서 미스나 에러의 발생은 '프로세스의 관리 상태를 나타내는 거울'인 것이다.

자사의 경영관리 수준의 높음을 나타내기 위해서는 우연의 산물인 '무결함'의 달성보다 고도로 관리된 프로세스로 '1백만 개의 제품 중 또는 1백만 회의 오퍼레이션 중에 3.4개(회)의 미스나 에러 발생으로 억제하는' 쪽이 더 의미 있다. 이것은 큰 발상의 전환이다.

이 책은 까다로운 통계기법이 아니라 매우 정교하고 치밀한 경영기법으로 보았을 때, 식스 시그마 기법의 가능성을 쉽게 해설한 입문서이다. 식스 시그마 활동을 전개하는 데 있어서 구체적인 목표설정, 관리 기준의 브레이크다운, 개혁의 실행 장면, 매뉴얼 작성 등을 위해 통계 지식은 절대적으로 필요하다. 그러나 통계의 기본 개념만 이해하면 식스 시그마 기법을 쉽게 이해할 수 있고 필요로 하는 기본 개념도 극히 적다. 수학을 못해도 상관없다. 또 경영관리 수준이 높은 회사가 아니면 식스 시그마 기법을 도입하는 것은 어렵다고 했지만, 이것은 회사 내에 통계 전문가를 1백 명 거느리라는 것이 아니다. 어디까지나 필요한 통계학 지식은 입문 영역이므로 안심하기 바란다.

따라서 이 책에서도 통계용어 사용은 최소한으로 하고, 이 책의 주요 독자층이 될 기업의 기획·정보부문의 스탭, 마케팅부문이나 영업부문 사람들도 쉽게 이해할 수 있는 내용으로 구성하였다. 이하 순서에 따라 6σ의 메커니즘, 경영기법으로서의 식스 시그마 탄생의 배경, 기존의 품질관리 기법 및 경영관리 기법과의 차이점 등에 관해 기술하고, 이미 식스 시그마 기법을 자사 경영에 도입하여 실천하고 있는 구미 대기업의 식스 시그마 활동의 베스트 프랙티스*에 따른 사례연구를 통해서 식스 시그마 도입에 있어 기업이 주의해야 할 점을 기술하고자 한다.

베스트 프랙티스
경쟁사도 포함해서 모든 업계 타사의 '좋은 방법'을 배워 자사에 도입하려는 활동. 80년대 후반부터 제너럴 일렉트릭(GE)이 전개. 일반적으로 '벤치마킹'과 혼동되는 경우도 많다.

6σ의 메커니즘

식스 시그마 기법이 목표치로 하고 있는 6σ라는 수치는 1백만 회의 오퍼레이션 중 3.4회의 미스나 에러 발생률이라고는 이미 말했다. 그러나 실은 이 $6\sigma=3.4/1{,}000{,}000=3.4$ppm(parts per million)이라는 도식은 문제가 있다. 사실 6σ라는 수치는 3.4ppm에 해당하는 발생확률이 아니라 0.002ppm($2/1{,}000{,}000{,}000$), 즉 10억분의 2회라는 터무니없는 확률이다. 그러나 이 확률로는 어렵게 잡은 목표 수치를 인간의 지능으로는 달성하지 못하므로, 일정한 통계적 처리를 통해서 도달할 수 있는 3.4ppm 수준으로 끌어내리는 노력을 하고 있다. 이 프로세스를 감각적으로 이해하기 바라며, 아주 간단하게 설명하고자 수식을 배제한 그림을 제시한다.(그림 6)

그림 6   식스 시그마의 메커니즘

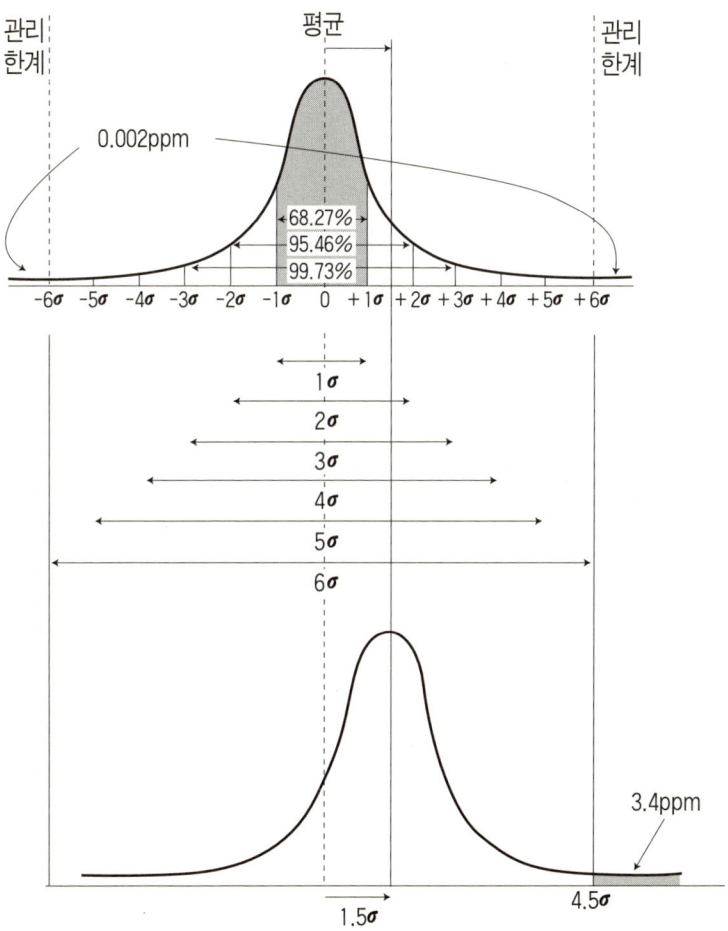

여기 제시한 그래프는 범종 형태인데, 일반적으로 '벨 커브'(bell curve)라는 정규분포곡선이다. 이 범종의 내부는 무수한 점(点)의 집합이다. 그 점 하나하나가 확률을 나타내고 있다. 따라서 범종의 면적은 반드시 1이 된다. 범종의 정상부분이 가장 높은 이유는 여기가 여러 가지 의미에서 평균이기 때문이다. 사실 평균치가 확률이 가장 높은 곳이라는 필연성은 없지만 우선 범종의 중심부가 정품 또는 정상적인 프로세스의 발생확률이 가장 높은 곳, 범종의 아래쪽 부분이 에러나 불량품이라고 생각하고 이야기를 진행시켜 보자.

σ(시그마)란 통계상 산포를 나타내는 단위인데, 이것을 발생확률이라고 생각해도 좋다. 그렇게 보면 발생확률이 가장 높은 부분에서 불과 1σ 범위에 전체의 68.27%가 들어간다. 2σ까지 범위를 확대하면 이미 95.46%가 들어간다. 앞에서 범종 내부는 하나하나가 발생확률을 나타내는 무수한 점의 집합이라고 했다. 결국 2σ 범위로 표현되는 면적이 발생확률 그 자체가 된다. 이 기준으로 볼 때 6σ로까지 범위를 확대하면 전체의 99.9999998%가 들어간다. 이 범위에서 벗어난 범종의 아래쪽이 0.002ppm이다. 가령 7σ를 계산하면 3/1,000,000,000,000,000 (0.000003ppm)이다. 즉 1조 번에 세 번의 에러 발생률이 된다. 그러나 $6\sigma \cdot 7\sigma$처럼 범종의 끝 쪽까지 가더라도 반드시 몇조분의 1이라는 발생확률이 계속 존재한다. 그 이유는 범종의 아래쪽이 한없이 수평축(水平軸)으로 접근해 맞붙을 것처럼 보이지만 절대로 맞붙지는 않기

때문이다. 즉 에러 발생확률이 제로가 되지는 않는다.

이와 마찬가지로 현실세계에서는 한순간 정의(定義)된 상태도 다음 순간에는 변화하고 만다. 같은 오퍼레이션을 10억 번, 1조 번이나 되풀이하는 기업은 어디에도 없지만 비록 수백만 회를 반복하는 동안에도 벨 커브의 중심부, 즉 평균치조차도 변동한다. 이럴 경우 변화를 전제로 하지 않는 정적(靜的) 환경에서 정의된 6σ(0.002ppm)의 엄밀성은 현실성이 희박하기 때문에, 식스 시그마 기법의 발안자인 마이켈 해리는 여기에 통계적인 처리를 통해 4.5σ 수준이라도 논리적으로 6σ에 도달할 수 있게 하였다. 그 방법은 그림 6과 같이 평균치를 1.5σ만큼 우측으로 이동한다. 즉 평균치를 높이 설정해서 좌측의 에러를 무시할 수 있는 정도로까지 제로에 접근시키는 기법이다. 이 결과 범종 우측의 말단부, 즉 4.5σ의 관리한계*에서 빠진 범위가 3.4ppm, 즉 1백만 회의 오퍼레이션 중 3.4회의 에러 발생률이 된다. 이렇게 해서 4.5σ의 관리 레벨이라도 실질적으로 6σ를 목표로 한다.

관리한계
불량품과 정품의 경계치. 제5장(p.229)에서 상술함.

# 식스 시그마는 어떻게 태어났는가

식스 시그마 기법은 1980년대 초 일본의 포켓벨(휴대용 무선 호출기) 시장에 뛰어든 모토롤라가 자사와 일본 메이커의 불량품률을 비교하였을 때 자사의 품질이 낮은 것에 놀라 품질 향상을 목표로 시작했다고 한다. 그러나 이 회사를 식스 시그마 활동에 매진하게 한 제품 품질에 대한 위기감은 그보다 몇 년 거슬러 올라간 1970년대 말부터 사내에서 공유되어 왔다. 즉 당시의 밥 갈빈 회장이 시작한 품질개선 운동이 기초가 되어 그 연장선상에 식스 시그마 활동이 자리매김되었다.

마이켈 해리는 모토롤라(미국 애리조나 주 피닉스)에서 정부용 전자기기부문에 근무하고 있었다. 식스 시그마는 해리가 모토롤라 사내에서 동료와 함께 통계 지식을 활용하여 개발한 기법이다. 그러나 기법

그림 7 식스 시그마 추진체제

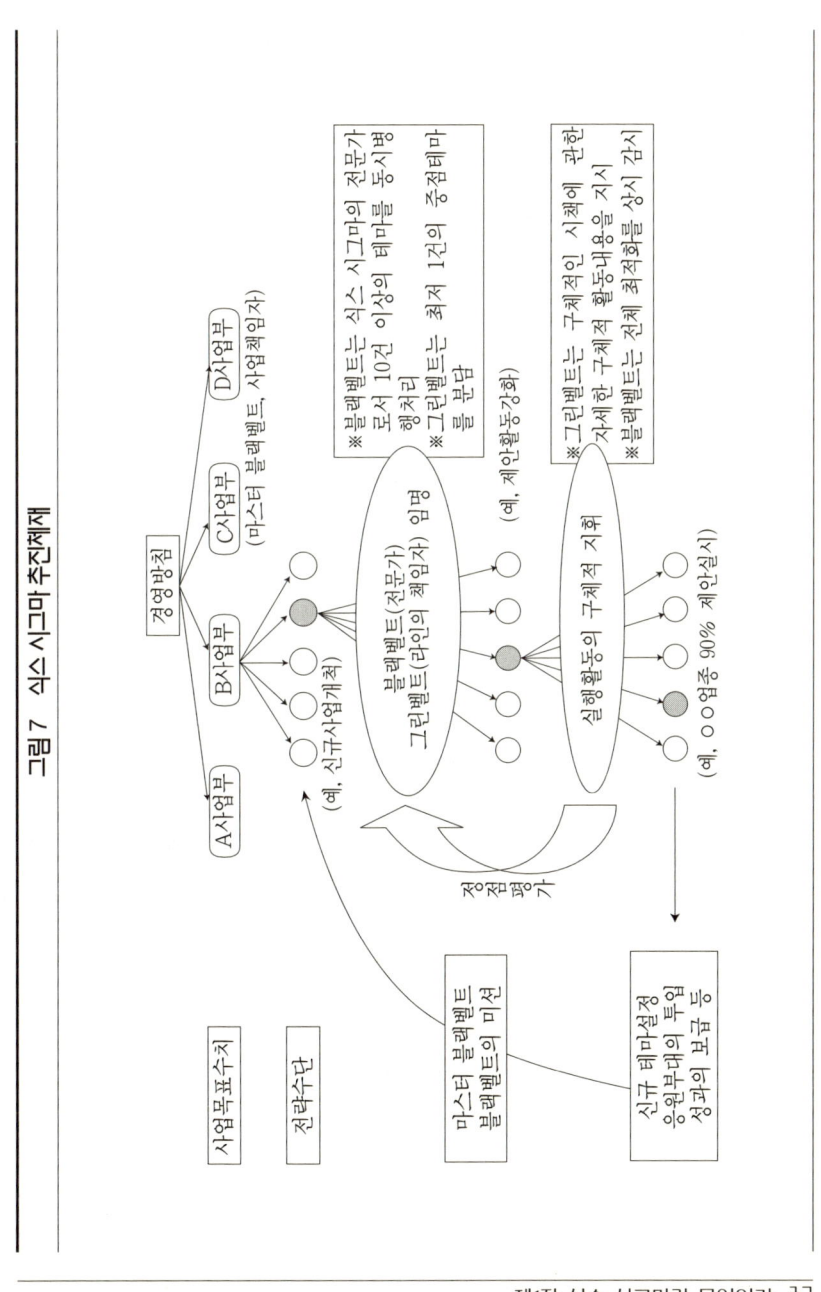

으로서의 '식스 시그마'의 명명자는 해리 자신이 아니라 동료였다. 식스 시그마 프로그램에는 이밖에도 독특한 이름이 많다. 식스 시그마 활동 추진자를 '블랙벨트'(Black Belt), '그린벨트'(Green Belt)*라 하는데, 이 직함은 태권도의 '검은띠' 등에서 연상된 것이라 한다.(그림 7 참조)

  모토롤라 사내에는 '모토롤라 대학'이 있다. 1990년, 해리는 이 모토롤라 대학 내에 '식스 시그마 인스티튜트'를 설립하였다. 거기서 그의 천부적인 데이터 해석력이 발휘되었다. 그후 해리는 연구를 거듭하여 식스 시그마 컨셉에 의한 높은 수준의 엔지니어링 기법*을 개발해 나갔다. 이와 함께 식스 시그마 관련 저서도 집필하면서 식스 시그마 관련기술을 체계화하였다. 그 결과 모토롤라 이외의 기업에도 적용이 가능한 기법으로서 확립된 것이다. 당시 품질에서는 일본 기업에 뒤진다고 평가받던 미국 기업이지만, 모토롤라의 제품 품질의 개선 진전 수준은 라이벌 기업뿐만 아니라 모두가 주목할 만한 것이었다.

  타사의 우위성을 당당히 자사에 도입하는 경영활동 '베스트 프랙티스'(그림 8 참고)를 통해 식스 시그마 활동은 빠르게 세계의 일류기업으로 널리 퍼져 갔다. 베스트 프랙티스뿐만 아니라, 식스 시그마 활동의 중요 인물이 여러 기업을 전직해 가면서 보급시킨 경위도 있다.(그림 9)

블랙벨트, 그린벨트
식스 시그마 활동 지도자, 자격의 명칭. p.87에서 상술함.
엔지니어링 기법
공학적 기법을 말한다. 오늘날 경영마케팅 등의 분석적 분야의 공학적 어프로치가 성행하고 있다.

그림 8   베스트 프랙티스

성공한 타사의 실천에서 배우자

1988년 웰치 회장 'GE보다 생산성 높은 기업은 많이 있다.
그곳으로 가서 성공의 비결을 배우자'

① GE보다 높은 생산성 및 성장률을 달성하고, 그 수준을 10년간 지속해 온
　기업 2백 개사를 리스트업
② 10개사로 압축
　(예: 포드, 제록스, 휴렛 팻커드, 혼다, 도시바 등)
③ 순차적으로 기업방문(1~2주간 체재)
　⇒성공비결에 관한 데이터를 수집(전략이 아닌 구체적 프랙티스 중심)
④ 웰치 회장에게 보고
　⇒무엇을 만드는가 보다 어떤 프로세스를 통해서 만드는가가 중요
　⇒프랙티스는 전략과 달리 간단하게 모방하는 것이 가능
⑤ 정식 교육연수 코스화 1989년
　⇒타사에게 배워라
　⇒끊임없는 프로세스 개선을 실행하라
　⇒프로세스의 오너가 되라

출처: GE 연례보고서 주주용 자료

그림 9   식스 시그마 기업상관도

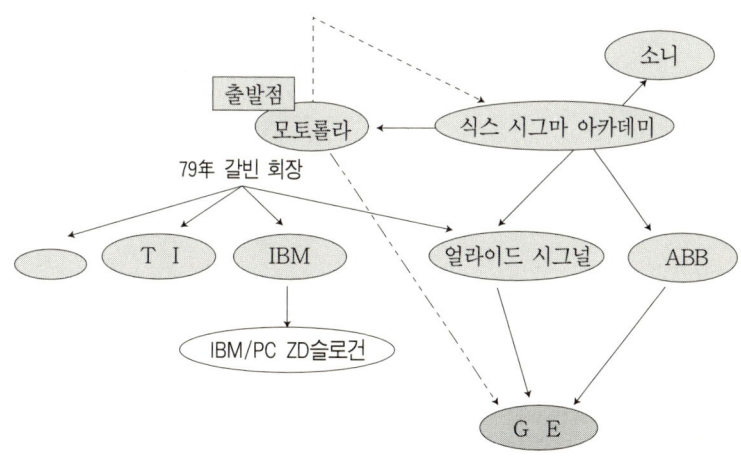

모토롤라에 이어 텍사스 인스트루멘트(TI)는 92년에 식스 시그마 활동을 시작하였다. 모토롤라가 식스 시그마 활동을 시작한 지 약 10년이 지난 1993년 '생산 현장의 오퍼레이션의 태반이 대체로 6σ 수준에 다가갔다'고 발표하였다. 모토롤라에서 식스 시그마 활동의 성과를 마지막까지 지켜본 이 해에 해리는 회사를 퇴직하였다. 동료인 리차드 슈뢰더와 함께 ABB로 옮겨 ABB에서도 식스 시그마 활동 보급에 크게 공헌하였다. ABB에서는 제조 관련부문 중심으로 실행된 식스 시그마 활동을 스탭 등 간접부문도 포함한 전사적인 경영개혁 운동으로 발전시켜 나갔다. 슈뢰더는 곧 얼라이드 시그널(94년 도입)의 초청을 받아 이적, 제조담당 부사장으로 취임하여 이 회사 내에 식스 시그마 컨셉/활동을 정착시켰다.

그후 해리와 슈뢰더는 컨설턴트로 변신, 일본에도 그 이름이 알려진 식스 시그마 아카데미를 피닉스에 설립하였다. 슈뢰더는 스스로를 가리켜 '식스 시그마의 교주'라고 부른다. 현재 식스 시그마 아카데미는 폴라로이드와 로키드 마틴 등 굵직한 고객을 가지고 있다. 그러나 자신이 직접 하는 컨설테이션 활동 이외에 전(前) 모토롤라 사원이 설립한 식스 시그마 관련 컨설팅 회사와 업무 위탁 계약을 맺고 있으며 식스 시그마 컨셉의 보급을 추진하고 있다.

현재 GE 캐피탈 부사장 루스 파토리가 ABB에서 슈뢰더를 선생으로 섬기고 있었고, 얼라이드 시그널의 회장인 로렌스 보지디가 전(前) 제너럴 일렉트릭(GE)의 부회장이었으므로 식스 시그마의 활동 성과는 GE의 잭 웰치 회장의 귀에 쉽게 들어갔다. 웰치 회장이 도입을 결심하자마자 식스 시그마는 GE에 순식간에 도입되었다. GE의 경우 해리나 슈뢰더의 지도를 받았을 뿐만 아니라 원조인 모토롤라나 식스 시그마 도입 후 단기간에 성과를 올리고 있던 얼라이드 시그널에서도 많은 것을 배워 나갔다. 그리고 6σ 수준 달성만을 목표로 하는 것이 아니라, 달성까지의 기간도 타사의 절반 정도로 단축한 5년을 스트레치 목표로 하고 있다.

일본에서 이들 구미 기업의 동향에 재빨리 착안하여 식스 시그마 기법의 전사적 도입을 지향하고 있는 것이 소니이다. 소니에서는 CQO (Chief Quality Officer: 최고 품질 책임자)를 사장 자신이 겸임하면서 국내외에서 칭송받고 있는 고품질 유지를 위하여 다양한 조치를 하고 있다. 품질에서도 이미 세계적 브랜드인 소니가 '다음의 한 수'로 식스 시그마 기법을 선택했다는 것만을 보더라도 식스 시그마 기법이 경영에 미치는 임팩트의 크기를 엿볼 수 있을 것이다. 소니에서는 이미 해외 현지 법인의 책임자에 대한 식스 시그마 연수를 마치고 98년 부터는 일본 국내에서도 같은 연수를 시작하여 같은 해 6월에는 일본어로 식스 시그마 교육을 실시할 수 있는 체제를 갖추겠다고 공표하고 있다.

IBM도 모토롤라에게 배워 식스 시그마 활동을 'IBM의 변혁' 활동에 도입, 식스 시그마 활동을 통해 '고객만족도를 세계 제일로 한다'는 것을 MDQ 목표(Market-Driven Quality Objectives)의 하나로 삼고 있다.

6σ 달성 프로세스 / MAIC

식스 시그마 기법을 이용한 경영개혁 프로세스는 각 회사의 시장에서의 위치나 업종 등에 따라서 다르기 때문에 통일적·획일적으로 제시하기는 어렵다. 그러나 큰 줄거리로는 MAIC라고 불리는 프로세스(그림 10)를 거쳐 최종적으로 6σ 기준에 도달하는 것을 목표로 하는 기법이다. 식스 시그마 활동을 추진하는 각 회사는 MAIC의 프로세스를 식스 시그마 교육기관 등에서 배워, 그것을 자사의 경영풍토나 경영환경에 맞추어 어느 정도 수정·도입하고 있다. 그러한 상황에 관해서는 제3장의 '도입 선진 기업에서 보는 식스 시그마'를 참조하기 바란다.

그림 10 MAIC

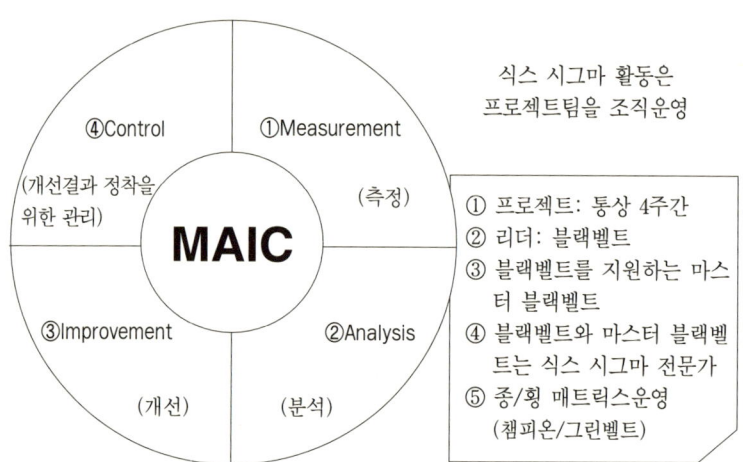

식스 시그마 활동은
프로젝트팀을 조직운영

① 프로젝트: 통상 4주간
② 리더: 블랙벨트
③ 블랙벨트를 지원하는 마스
   터 블랙벨트
④ 블랙벨트와 마스터 블랙벨
   트는 식스 시그마 전문가
⑤ 종/횡 매트릭스운영
   (챔피온/그린벨트)

고전적인 IE(Industrial Engineering)*는 'get the fact'(사실에 의거한 행동)에 주안을 두고 평가 척도의 수치화에 노력했는데, 식스 시그마에서는 'get the fact'가 'MAIC'라는 기준으로 확립되어 식스 시그마 기법 추진의 기둥이 되고 있다. MAIC란 'Measurement'(측정), 'Analysis'(분석), 'Improvement'(개선), 'Control'(개선결과 정착을 위한 관리)이라는 4가지 단계의 머리글자를 딴 것이다.

1● Measurement (측정)

M 페이스에는 CTQ(Critical to Quality＝품질 평가에서 가장 중시되는 점)에 영향을 주는 중요한 사내 프로세스를 발견하여 CTQ와 대비시켜 발생한 결함을 측정한다. 이때 결함은 허용한계* 외의 CTQ라고 정의한다. 이 페이스는 블랙벨트가 CTQ에 영향을 미치는 중요한 프로세스를 알고, 발생한 결함을 정확히 측정하면 종료된다.

다시 말하면 M 페이스는 식스 시그마 활동의 대상 범위를 정의하는 데서 시작한다고 볼 수 있다. 일반적인 '카이젠'(개선)*에서 흔히 볼 수 있는 개선 대상의 결정법은 '우선 현장을 보자'라는 어프로치이다. 그러나 거기서 '무엇을 볼 것인가?' 그때의 '판단 기준은?', 또 구체적으로 '어느 척도(지표)를 사용해서 측정·평가할 것인가?' 등이 명확치 못하기 때문에 현장을 방문해 본들 아무런 효과가 없다.

예컨대 CS(고객만족)* 향상이라는 테마를 설정했을 때, 6σ 수준을

IE(Industrial Engineering)
사람·재료·설비의 종합적인 시스템을 설계하여 개선함으로써 생산성을 향상시키고 원가절감을 도모하는 기술. 공학·수학·자연과학 분야의 기법이 활용된다.
허용한계
생산된 상품을 정품으로 인정할 수 있는 한계 조건(수치). 허용한계를 넘는 경우는 '불량품'으로 취급한다.

어떻게 달성할 것인가 검토하기 시작하는 단계에서 다음 사항이 명확해야 한다.

   (1) 'CS'란 무엇인가?
   (2) 어떠한 지표로 'CS' 수준을 판단할 것인가?
   (3) 그 지표는 수집이 가능한가?
   (4) 그 경우의 정보수집방법은? 또 수집의 타이밍은…?

   이와 같이 구체적인 행동에 앞서서 검토해야 할 테마가 많이 있다. 지표에 관해서는 또 하나의 문제가 있다. 즉 수집한 정보를 수량화하는 것은 물론 의미가 있다. 그러나 얻은 지표가 몇 점이면 만족하는가, 또 목표는 몇 점에 둘 것인가는 등, 지표를 평가하기 위한 기준을 적절히 설정해야 한다. 이 점이 해결되어야 비로소 정보수집 작업으로 이행할 수 있다.

   또 정보를 수집함에 있어서 그 목적을 바르게 인식하는 것이 중요하다. 예컨대 고객의 불만족 요인에 관한 공정한 정보가 필요할 때 코스트를 지나치게 생각하는 나머지, 자기 회사의 세일즈맨만을 활용하여 그들이 판매 활동하는 중에 정보수집을 하게 한다면 정보의 정도는 기대할 수 없다. 그 때문에 식스 시그마 기법에서는 'VOC'(Voice of Customer)*를 청취할 때 유의해야 할 포인트의 하나로 삼고 있다. 가

카이젠
톱 이하 현장 담당자 모두가 참여하여 경영개선을 목적으로 하는 행동. 일본 산업계의 발전을 지탱하였다. 'KAIZEN'은 영어 사전에도 등장. cf) 소집단 활동(p.108)
CS(고객만족)
고객의 만족을 얻는 것이 사업경영의 필수라는 사고방식. 기존의 업적 향상과는 그다지 링크하지 않고, 특히 90년대 일본에서 채용된 CS는 그 인덱스에 지나치게 주목되었다는 비판도 있었다.

그림 11   Measurement

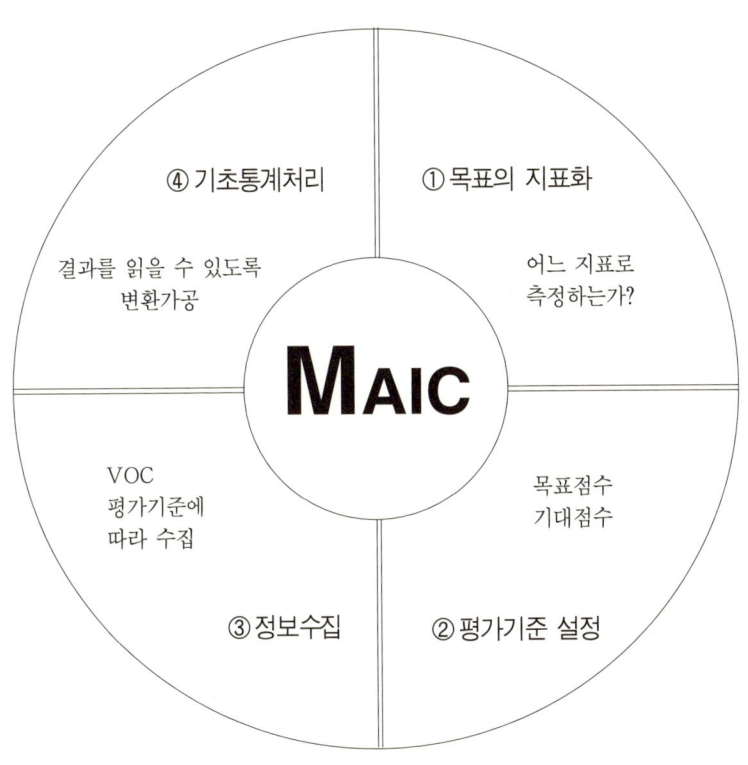

④ 기초통계처리

결과를 읽을 수 있도록
변환가공

① 목표의 지표화

어느 지표로
측정하는가?

MAIC

VOC
평가기준에
따라 수집

목표점수
기대점수

③ 정보수집

② 평가기준 설정

령 세일즈맨이 CS의 참뜻을 이해하여 회답에 편견이 끼어들지 않도록 배려하고 정보수집을 했다 하더라도, 고객이 '단골 담당자'에게 스스럼없이 본심을 말하는 것은 드물다. 본심을 드러내는 것은 특정한 팬 유저(fan user)뿐이다. 이러한 점은 외부 조사기관을 이용한다면 커버할 수 있다. 공평한 정보를 얻으려고 할 때 제3자의 입장에서 정보 출처에 접하는 것이 필요하다. 그러나 한편으로 제3자가 정보수집을 하면 업무에 관한 전문지식이 없기 때문에 중요한 현상을 간과할 가능성도 있다는 것을 잊어서는 안 된다. 이러한 문제를 피하기 위해서는 예컨대 IBM이 실시하고 있는 '워크숍' 스타일이 도움이 되는 경우도 있다. 즉 선택한 고객에게 조사의 취지를 정확히 설명하고 동의를 얻은 후 본심을 말하도록 하는 방법이다. 또 수집한 숫자를 단지 정리만 해서는 경영에 도움이 되지 않는다. 숫자를 의미 있는 정보로 전환함으로써 비로소 정보로서의 가치가 생기는 것이다. 정보를 경영 지표로 가공하는 데 있어서는 통계학이 크게 기여하게 된다.

2◉ Analysis (분석)

A 페이스에서는 결함이 왜 발생하는가를 이해한다. 각 프로젝트의 우선순위를 매기기 위해서 파레토도와 같은 공통된 분석 수단을 먼저 사용하고, 이어서 결함의 원인이 되는 주요 변수를 알아내기 위해서 좀더 복잡한 통계 수단을 사용한다. 이 페이스에서의 성과물(output)은

VOC(Voice of Customer)
'고객의 목소리'. 변혁해야 할 점은 고객의 목소리가 출발점이라는 것으로 식스 시그마 활동에서도 중요한 시점의 하나이다.

그림 12 Analysis

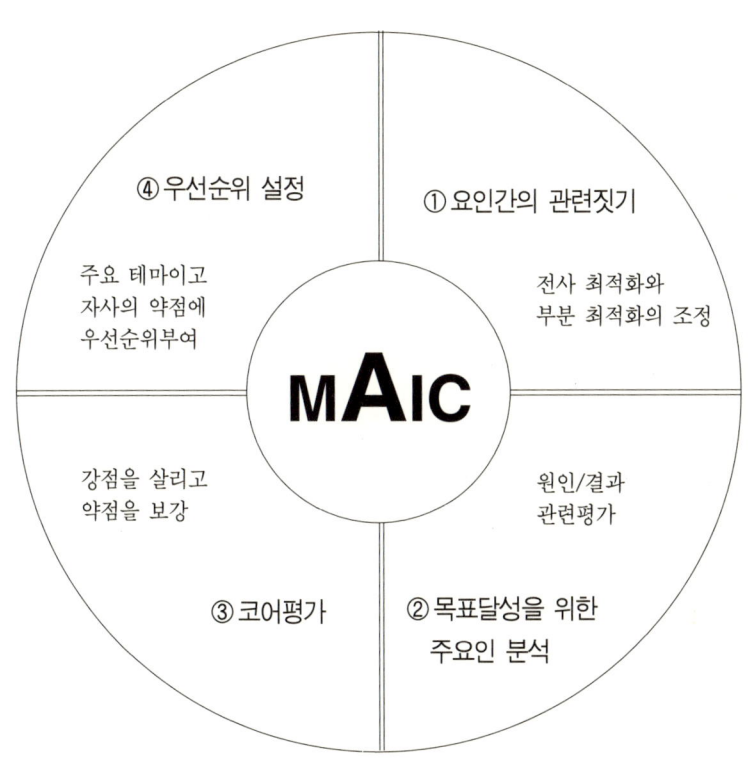

프로세스의 불규칙한 산포에 영향을 많이 미치는 변수를 알아내는 것이다.

분석 페이스에서 가장 중요한 포인트는 앞으로 대응할 과제의 우선순위부여이다. 우선순위의 설정은 전체의 최적인가, 전사의 최적인가 하는 관점에서 해야 한다. 특정부문이나 일부 현장에 대한 시점이 아니라 전체 회사를 바라보는 사고방식이 요구된다.

여기서는 블랙벨트가 갖는 통계적인 전문 지식이 필요하다. 왜냐하면 문제 있는 프로세스를 분석하기 위해서는 우선 측정(M) 결과인 수치 해독이 필요하기 때문이다. 특히 요인과 요인 사이의 인과관계에 착안하여 복잡한 관련성을 정리·집약해서 문제를 단순화해야 한다. 여기서 개별 과제에 정신을 빼앗겨 전체적인 관점을 잃어서는 안 된다.

다음으로 집약한 요인의 인과관계를 명확히 하는 단계로 들어간다. 이때 주성분 분석, 크러스터(cluster) 분석, 수량화 이론 등이 비교적 유효한 정보를 제공해 준다. 그러나 최후에 종합적인 판단을 하는 것은 어디까지나 인간이다.

세번째 단계는 '자사의 강점 평가'이다. 식스 시그마는 근본적인 개혁을 위한 수단이다. 눈앞의 임기 응변적인 대응은 하지 않는다. 따라서 자사의 강점과 약점을 정확하게 파악하여 매너리즘을 타파할 필요가 있다. 특히 요인의 약점을 수량화한 것이 A페이스의 아웃풋이 된다.

이 페이스에서 최후 단계는 대처해야 할 '요인의 우선순위'와 '자사의 약점'을 매칭(matching)시키는 것이다. 중점 테마로 선택되는 것은 요인으로서의 우선순위가 높고 동시에 자사가 약한 항목이 되기 때문이다. 그러나 아무리 어려운 테마일지라도 그 문제해결에 관한 노하우만 가지고 있다면 대응하는 것은 가능하다. 이렇게 식스 시그마 활동은 '더한층의 성장을 위한 경영혁신 프로그램'으로 계속된다.

3◉ Improvement (개선)

I 페이스에서는 주요 변수를 설정하고 그 변수가 CTQ에 미치는 영향을 수량화한다. 주요 변수의 최대 허용한계 영역을 설정한다. 계측 시스템이 주요 변수의 불규칙한 산포를 측정할 수 있는지의 여부를 확인하고 허용한계 영역 내에 불규칙한 산포가 들어가도록 프로세스를 변경한다.

MAIC의 프로세스 전체적으로 블랙벨트 등 지도자·유자격자의 부과된 역할은 크다. 그 중에서도 I 페이스에서 그 위치는 매우 크다. 식스 시그마 기법을 도입하는 데는 '개혁의 조직화'가 전제되어야 한다. 이때 블랙벨트는 전사적인 관점을 가지고 구체적인 사업 고유의 문제해결에 있어 견인차로서, 또 좋은 교사로서 제 기능을 다해야 한다. 블랙벨트가 말하는 언어는 전체 회사의 공통어, 즉 식스 시그마 컨셉이다. 이런 속에서 사업 라인에 식스 시그마 컨셉이 침투되어 있지 않으면 식스 시그마 활동의 스피드와 성과가 반감되고 만다. 따라서 식스

그림 13　Improvement

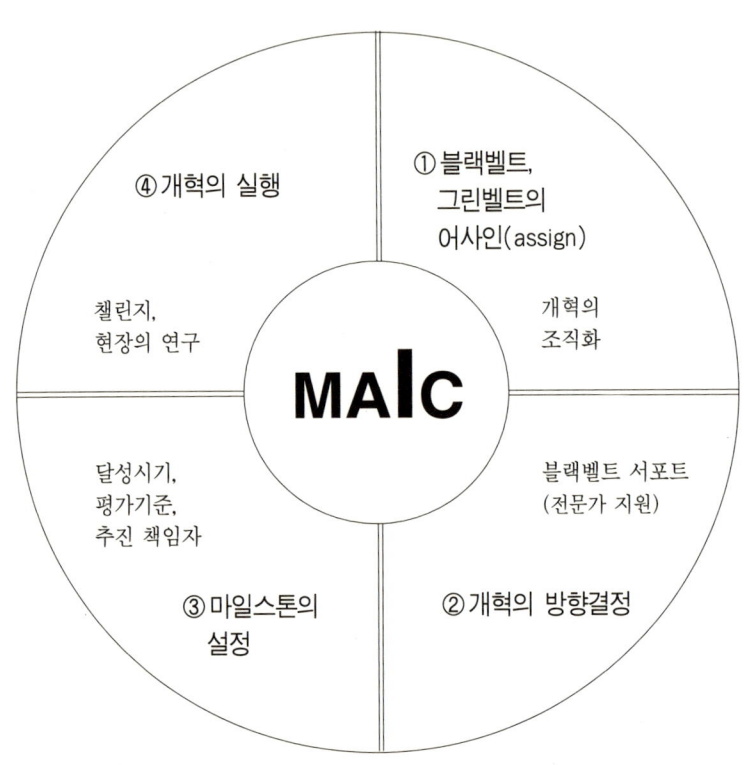

시그마 기법을 도입하려는 기업은 블랙벨트 교육에 경영자원을 집중하게 된다.

조직화된 프로젝트팀은 A 페이스에서 개혁의 방향을 정하고 계획을 세운다. 계획은 엄격하게 진척관리된다. 과거에 다양한 경영기법이나 경영컨셉이 경영현장에서 위력을 발휘할 수 없었던 큰 이유 가운데 하나가 프로젝트의 진척관리에 대한 조직적인 허술함이다. 프로젝트의 진척관리 그 자체가 없는 경우는 논할 바가 못 되지만 제반 사정이나 특례·예외·성역은 어떠한 경우라도 경영활동의 장애가 될 수 있다. 이런 일이 빈발한다면 경영의 관리 레벨이 낮은 상태라고 평가할 수 있다. 따라서 식스 시그마 활동을 추진할 수 있는 레벨에는 도달하지 못한 것이다. 프로젝트의 진척관리에는 달성시기, 달성도 평가 기준, 추진 책임자, 보고체제 등의 요소가 삽입되어 시스템적으로 성과가 나타나는 구조를 정비하는 것이 필요하다.

4◉ Control (개선 결과 정착을 위한 관리)

C 페이스에서는 프로세스가 변경된 이후 주요 변수가 최대 허용한계 영역에 들어가 있는지를 SPC차트(통계적 프로세스 관리도)*나, 간단한 체크 리스트 등을 사용해서 확인한다.

프로젝트 수행에서는 애써 성과를 올려도 그 상태로 방치되어 버리면 다시 생각났을 때는 이미 진부한 것이 되는 경우가 많다. C 페이스

SPC(통계적 프로세스 관리도)
프로세스 전체와 크리티컬한 프로세스에 관한 관리 척도를 명확히 하고, 시계열적(時系列的) 경향을 고려한 형태로 종합적으로 관리하는 것을 서포트하는 차트.

도 단지 관리만 계속하면 되는 것이 아니다. 식스 시그마 활동의 성과인 개혁이 계속되는 것은 어느 조건하에서의 이야기이다. 그러나 경영환경, 경쟁환경은 매일 어지럽게 변하고 있다. 따라서 그러한 변화에 대응하며 새로운 프로세스의 변혁을 항상 의식해야 한다. 이 점을 소홀히 하면 식스 시그마도 '대중 요법'이나 '기존의 개선 활동의 연장'이라는 오명을 쓰게 된다. 이 페이스는 성과 지속의 원천이 되는 것이다.

C의 기능은 시스템(구조)으로 유지되어야 한다. 이 페이스에서 주의 포인트는 사무 단계를 지나치게 부과하지 말 것, 정확한 정보를 적시에 입수할 것, 이 두 가지이다. 이것을 실현하기 위해서는 검토방법, 검토의 타이밍, 결과의 수량화, 검토부문, 평가 책임자 등의 체계화가 필요하다.

프로젝트의 소기의 목표가 달성되지 않는 등, 얼마간의 문제가 발생하는 것은 일어날 수 있는 일이다. 문제가 발생했을 때 어떻게 대응하는가에 따라 좋은 기업과 나쁜 기업으로 나뉜다. 경영환경의 변화를 프로젝트 목표 미달성의 이유로 해버려서는 좋은 기업이라고는 할 수 없다. 당초의 예측이 곤란하더라도 발생했을 경우에는 프로젝트의 진척에 중대한 영향을 줄 가능성이 있는 요인을 배제할 수 있는 시스템은 사전에 검토해 두어야 한다. 어떠한 프로젝트 결과가 도출되더라도 목표와 현상과의 괴리도를 정확히 평가하여 자원 재배분에 대한 신속한 대책을 강구할 수 있어야만 블랙벨트는 현장을 견인하는 자격이

그림 14   Control

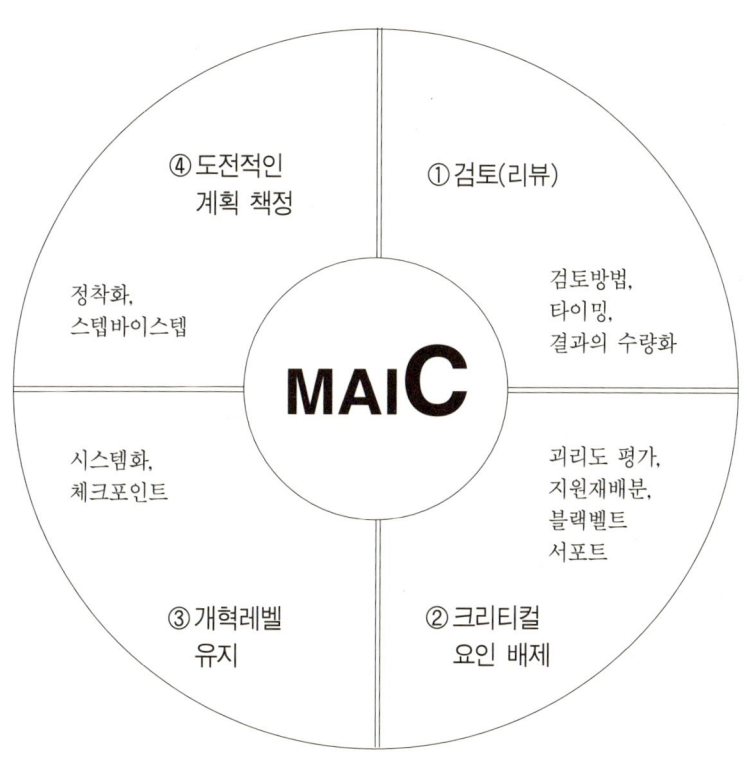

있다.

　이상 순서를 따라 보았듯이 식스 시그마 기법에서는 특히 M과 A, 즉 측정과 분석이라는 수치 처리를 동반한 프로세스의 이해도를 지식으로서가 아니라 감각적으로 파악할 수 있는 수준으로 높여야만 한다. 그리고 측정·분석 과정에서 떠오른 문제점에 대하여 해결법을 생각해서 개선(I)한다. 그리고 개선된 상황은 그 정착을 위하여 관리(C)를 계속한다. 이 4가지 프로세스를 약 4개월에 걸쳐 마치도록 되어 있다.(그림 15)

　통계적인 지식이나 테크닉은 통계학이나 OR(오퍼레이션스 리서치)* 의 기초로 충분히 대처할 수 있다. 그리고 식스 시그마용 통계 패키지 소프트웨어를 개발·판매하는 회사, 미니탭사(社) 등에서 신뢰할 수 있는 통계 패키지를 구입하면 식스 시그마 활동에 착수할 수 있다. 식스 시그마 기법의 추진 프로세스는 어떤 것이든 반드시 통계 소프트웨어와 제휴되어 있다. 뒤집어 말하면 식스 시그마 기법에는 자기 자신이 통계시스템을 설계하는 수고는 필요없는 것이다.

OR(Operations Research)
제2차 세계대전중 구미에서 사용된 작전 계획기법에서 시작된 것으로 경영과제 발견, 문제해결 기법의 하나. 가설설정 수학모델을 사용하는 것이 특징.

그림 15   MAIC의 중요성

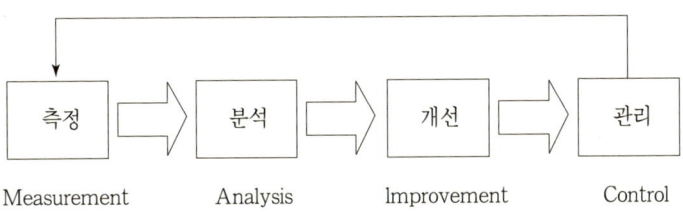

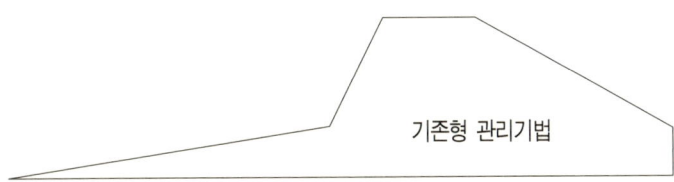

면적의 넓이는 프로젝트 활동의 무게를 이미지로 표시한 것이다.

5 MAIC의 3가지 관점

MAIC 추진에 있어 중요한 관점을 정리하면 다음 세 가지로 집약된다.

우선 첫번째 관점은 '고객만족'의 관점이다.(그림 16) 고객만족도 향상은 저자가 몸담고 있는 컨설팅 업계에서 성장 분야의 테마이다. 식스 시그마 관련 컨설팅 기업에서도 VOC에 중점을 두고 지도하고 있듯이, 원래 고객만족이란 고객의 소리를 듣는 것이다. 그러나 미국의 고객만족 교육의 무게는 일본과는 의의부터 다르다. CS라는 말은 일본에서도 신선히게 들리지만, 일본에는 '상인'이 주장하는 '고객은 신(神)'이라는 전통이 있다. 따라서 고객만족은 온고지신(溫故知新)의 마

그림 16   식스 시그마 : 6가지 장점

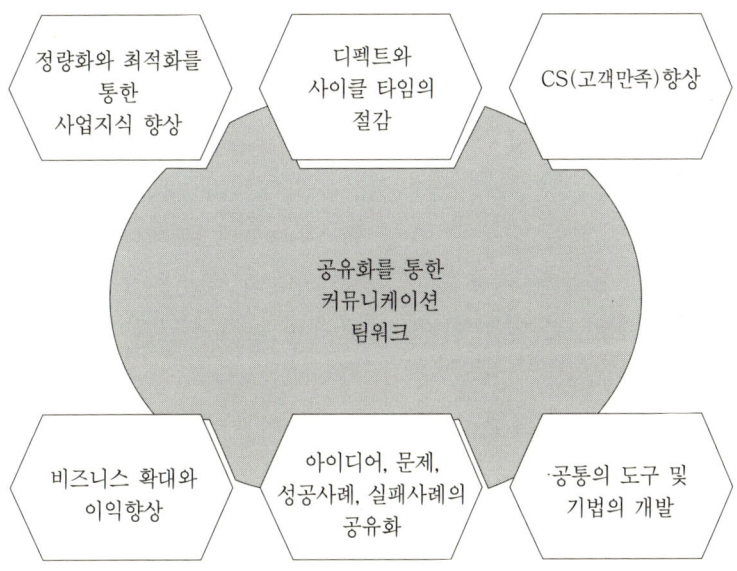

정량화와 최적화를
통한
사업지식 향상

디펙트와
사이클 타임의
절감

CS(고객만족)향상

공유화를 통한
커뮤니케이션
팀워크

비즈니스 확대와
이익향상

아이디어, 문제,
성공사례, 실패사례의
공유화

공통의 도구 및
기법의 개발

출처: 에어 아카데미 홈페이지

음으로 이해하면 되기 때문에 식스 시그마 교육 프로그램 중에서도 비교적 받아들이기 쉬울 것이다. 그러나 다민족 국가인 미국의 다양한 가치관 밑에서는 고객이 왜 중요한가를 가르치는 것이 사원 교육의 첫걸음이다. 그렇다고 성숙한 미국 소비자가 고객 서비스만 좋다고 '싼 게 비지떡'인 제품을 살 리는 없겠지만.

두번째 관점은 '사업 목표설정의 과학화'이다. 경제가 상승 일로이고 회사의 업적도 순조로울 때는 기업 및 각 사업부문이 제시하는 목표 수준은 현상보다 조금 높게 설정하면 되었다. 매출 목표라면 5년 후는 5배 규모, 제품 불량률이라면 5년 후는 제로로 한다는 중기 계획이 통용되고 있었다. 극단적으로 말하자면 각 부문은 작년 달성도와 올해 말의 달성도를 잇는 연장선상에 내년 달성 목표를 두고 사업 계획을 책정하였다.

그림 17은 기존의 목표설정과 식스 시그마 기법의 목표설정을 비교한 것이다. 기존에 회사 전체 매출을 10% 올리려면 각 사업부문에 따라 사업 환경이 다른데도 불구하고 부문 a-c에 관여하는 사업 전체 (A-C)의 매출 목표를 모두 10% 향상시키도록 하였다. 이렇게 정리된 숫자는 개별적 사업 특성, 시장 특성, 지역 특성, 개인의 기능이나 경쟁·시도력 등의 개별 사정은 무시한 상식에 벗어난 것이었다. 이런 종류의 목표는 당연히 목표의 거리를 제일선에 제시하지 못하므로 현

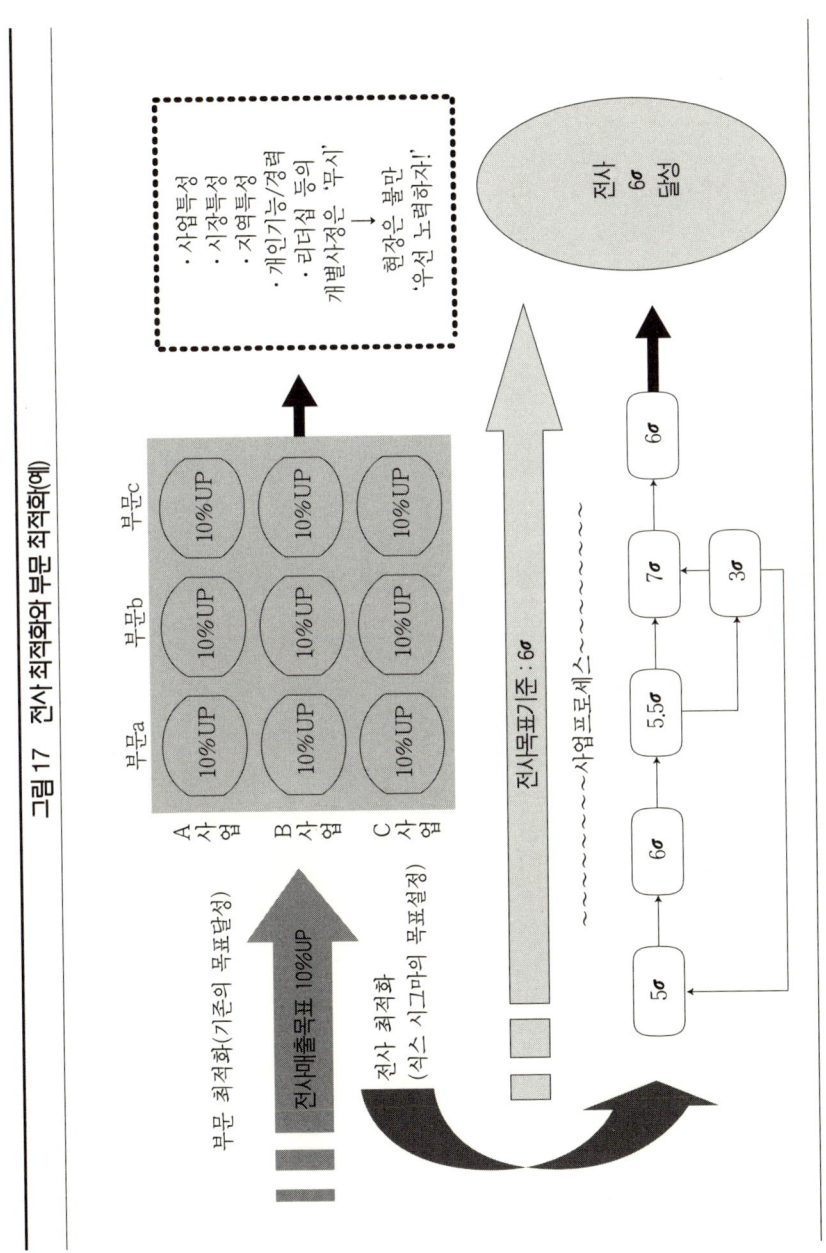

그림 17 전사 최적화와 부문 최적화(예)

장의 불만에 직면하게 된다. 이러한 불만을 해소시키는 방법은 있을 리가 없고, 마지막에는 '노력하자!'라는 정신론에 의지하였다. 기존의 계획설정이 내포하는 위험성의 일면인데, 경기가 좋을 때는 표면화되지 않는다.

그러나 경제가 일단 정체되면 작년 달성도보다 올해 말의 달성도가 낮아지는 경우가 많아지고 두 점을 잇는 연장선상에는 내년 달성 목표를 설정하기 어렵게 된다. 또 사업부문의 하나가 부정 거래나 위험한 거래를 하면 회사 전체의 의지와는 상관없이 시장 철수를 당하는 경우도 있을 수 있다.

식스 시그마 기법의 사업 목표설정의 과학화란 이와 같은 기존형(보텀업*형)의 계획 설정이 가지고 있던 정신성을 타파하고 목표달성 프로세스를 구체화(수치화)하는 것을 말한다. 이를 위해서는 먼저 목표설정을 톱다운*형으로 고쳐야 한다. 톱다운형 목표설정의 최대 강점은 전사 최적(全社最適), 즉 도출된 결과가 회사 전체로 보았을 때 가장 적합하도록 목표설정 프로세스를 결정한다는 것이다. 회사 전체에 가장 적합한 해답을 구할 수 있는 것은 필연적으로 경영톱 또는 회사 전체의 기획부문에 한정되기 때문에 설정 프로세스는 톱다운형이 된다. 그리고 개개의 부문 목표는 항상 한 단계 상위의 부문 목표와 링크되며 전체가 체인 구조가 되어야 한다.

톱에서 제시된 대목표는 각 부문의 개별 사업 목표로 브레이크다운

보텀업 / 톱다운

경영에서 의사결정의 흐름이 '밑에서 위로'인 것이 보텀업, '위에서 밑으로'가 톱다운. 전자가 일본형 의사결정 스타일, 후자가 구미형이다. 경영환경 변화 스피드에 가속도가 붙고 있는 지금, 강력한 리더십을 토대로 전개되는 톱다운형으로의 급속한 전환이 요구되고 있다.

된다. 브레이크다운된 목표는 부문에 따라서는 5σ든 5.5σ든 상관없다. 시장 특성 등에 따라서 한 부문이 7σ라는 터무니없는 목표설정으로 보충하면 된다. 아무리 노력해도 시장 특성이 5σ밖에 허용되지 않는 부문에 대하여 6σ 달성의 목표달성을 계속 부과하면 이 부문에서 유출되는 코스트는 회사 전체를 압박하게 된다. 이 부문 목표의 달성도를 측정하기 위한 평가 척도를 이론적·과학적으로 설정하고 제일선에게 자기 부문의 현 상황을 정확히 알려 주는 교육이 개혁의 첫걸음이다.

세번째 관점은 '조립성'(Manufacturability)이라는 '전사적인 공통어'의 확립이다. 두번째 관점에서 이야기한 전사 최적을 실현하기 위해서는 한 부문의 이해보다 회사 전체의 이해·득실을 고려해야 한다. 목표 실현을 뒷바라지하는 것으로 사용되는 컨셉은 회사 전체에 걸쳐 공통 이해가 있어야 한다. 대부분의 식스 시그마 교육기관에서 조립성은 전체 사원이 부문을 넘어 서로의 생각을 이해할 수 있는 공통어로 사용된다.

단어에서 풍기는 감이 제조업에 특정된 말처럼 생각되는데 그렇지는 않다. 마이켈 해리는 제품이라는 말과 아울러 프로세스라는 말도 자주 사용하고 있다. 이것은 조립성이 제조업의 공통어에 머물지 않고 모든 경영 프로세스에 해당되고 있음을 의미한다.

마이켈 해리는 6σ 달성 프로세스에서 '조립성'을 지향해야 한다고 설명한다. 이 말은 1987년 모토롤라가 만든 조어(造語)이다. 그러면 이 조립성이라는 낯선 단어가 무엇을 의미하는지 모토롤라의 정의를 인용해 보도록 한다.

'품질·신뢰성·성능·납기·가격 등, 모든 고객이 가지는 물리적·기능적인 요구를 충족하며, 또 모토롤라의 사업목표를 충족하기 위하여 완전히 같은 제품을 낭비 없이 재생산하는 능력'(Copyright 1988 Motorola, Inc. Used with permission of Motorola University Press, USA)

GE의 간부에 따르면 GE에서 '식스 시그마는 종교와 같은 것'이라고 하는데, 이것은 식스 시그마가 전사 최적화(全社最適化)를 위한 공통어임을 보여 주는 좋은 예이다. GE에서 잭 웰치라는 톱의 강력한 리더십 밑에서 수많은 선진적인 사업 개혁이 시도되었지만 식스 시그마만큼 회사 전체 수준의 공통 이해와 부문 이해를 일치시킨 활동은 없었을 것이다. 마찬가지로 이 조립성이라는 컨셉도 6σ에 도달할 기업이 반드시 갖추어야 할 기초체력으로, 컨센서스를 형성하여 사원이 철저히 인식하도록 도모해야 한다.

6 식스 시그마 활동 성공의 열쇠 — 교육 · 훈련

식스 시그마 도입에서 가장 중요한 프로세스가 교육이다. '교육·훈련이 6σ 기준 달성의 열쇠'라고도 말한다.(미니탭사) 식스 시그마 교육기관은 마이켈 해리, 리차드 슈뢰더의 식스 시그마 아카데미(Six Sigma Academy) 외에 두 사람의 출신 모체인 모토롤라의 모토롤라 대학(Motorola University), 에어 아카데미(Air Academy Associates), 식스 시그마 인터내셔널(Six Sigma International＝SSI; 현 Six Sigma Qualtec Inc.), 레이선 시스템(Raytheon Systems Company), 어드번스트 시스템즈 컨설팅(Advanced Systems Consultants＝ASC) 등, 여러 갈래에 걸쳐 있다. 그림 18은 식스 시그마 아카데미, 에어 아카데미, 식스 시그마 퀄텍, 앞에 나온 미니탭 등, 네 회사의 관계를 보여 주고 있다. 식스 시그마 아카데미는 식스 시그마의 이론 구축을 담당하고, 에어 아카데미와 식스 시그마 퀄텍 판매 채널로 고객 개척, 교육 및 컨설테이션을 담당하며, 미니탭이 통계 패키지의 개발, 판매 및 교육을 하고 있다. 식스 시그마 교육에서 꼭 기억해야 할 점은 식스 시그마 기법 도입에 있어 통계적 지식은 테크닉에 불과하며, 기본적으로

그림 18   기업간 연계관련

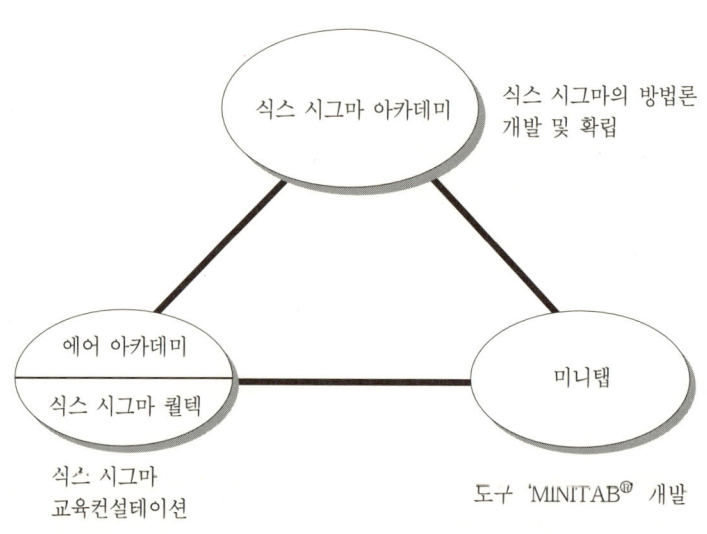

중요한 것은 식스 시그마 컨셉의 습득이라는 것이다. 따라서 다음에 소개하는 각 식스 시그마 교육기관도 식스 시그마 컨셉을 어떻게 습득시키느냐에 정신을 기울인 프로그램을 편성하고 있다.

1 ● 모토롤라 대학

모토롤라 대학은 1981년 사원의 교육·훈련기관으로 설립된 모토롤라 트레이닝 앤드 에듀케이션센터를 전신으로 한다. 80년대에는 주로 제품 품질의 중요성을 인식시키는 교육을 실시하고 아울러 모토롤라 회사 전체의 교육 계획과 교육·훈련 투자 계획의 입안에도 관여하였다. 80년대 말에는 해외에도 그 활동 범위를 넓히고 제공하는 서비스도 교육에 머물지 않고 컨설팅·출판 등 광범위해졌다. 현재는 4백 명의 전속 스탭과 7백 명이나 되는 외부 스탭을 거느리고 세계 13개국에 20개의 오피스, 7개의 트레이닝 시설을 갖추고 있다. 그리고 '계속적인 변혁과 개선을 위한 촉매'의 기치를 들고 모토롤라의 제품이나 마케팅 전략에 부가가치를 부여하는 프로그램을 계속 제공하고 있다. 1990년에 '식스 시그마 인스티튜트'가 이 모토롤라 대학 안에 설립된 경위는 이미 설명하였다.

식스 시그마 인스티튜트에서는 '6σ 도달을 위한 6 스텝'이라는 코스를 설치하여 식스 시그마 교육을 실시하고 있다. 6 스텝이란 다음과

그림 19   6σ 도달을 위한 6 스텝

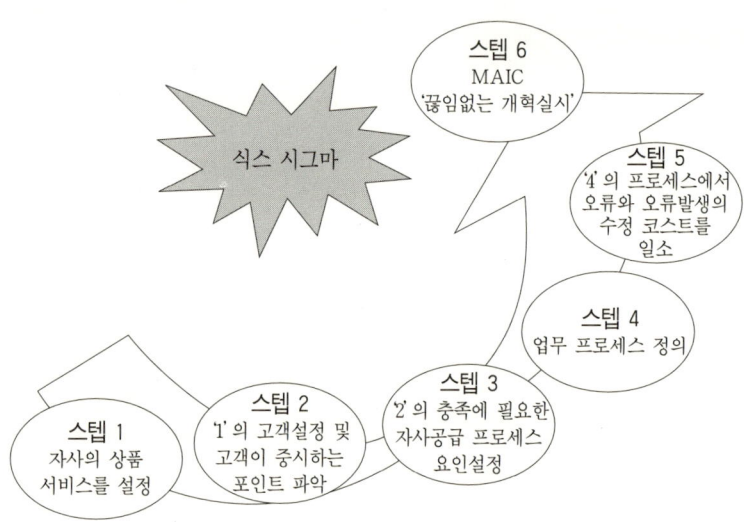

출처: Charles A. Sengstock, Jr., *Quality in the Communications Process*, Motorola University Press. (Copyright 1988 Motorola, Inc. Used with permission of Motorola University Press, USA)

같다.(그림 19)

'6σ 도달을 위한 6 스텝'(모토롤라)

스텝 1: 자사의 상품 서비스를 설정한다.

스텝 2: 자사의 상품 서비스가 맡고 있는 고객을 설정하여 고객
이 무엇을 중시하고 있는가를 확인한다.

스텝 3: 고객을 만족시킬 수 있는 상품 서비스를 자사가 공급하
기 위해 필요한 것을 설정한다.

스텝 4: 매핑(mapping) 작업을 위한 프로세스를 정의한다.

스텝 5: 스텝 4의 프로세스의 오류를 없게 하고 불필요한 노력을
제거한다.

스텝 6: 측정·분석하고, 개선된 프로세스를 관리하므로(MAIC),
끊임없는 개혁을 실시한다.(Charles A. Sengstock, Jr.,
Quality in the Communications Process, Motorola
University Press. Copyright 1988 Motorola, Inc. Used
with permission of Motorola University Press, USA)

이 코스는 6σ 품질에 도달하는 것이 모토롤라에게 얼마나 중요한가
를 설명하는 데에 역점을 두고 있다. 이 때문에 식스 시그마 활동의
각 프로세스가 정의되며 식스 시그마 기법의 적용법이 소개된다. 다음

에 이 코스의 목적을 제시한다.

　● 코스 목적:
　・품질이란 무엇인가, 또 품질 평가는 어떻게 하는가를 이해한다.
　・식스 시그마 기법을 이해하고 실제 직장 환경에의 적용법을 배운다.
　・품질 프로세스의 파레토도, 인과관계도*의 적용법을 배운다.
　● 코스에서 다루는 주제:
　・'품질' 및 '기준선'·'개선' 등 품질 관련 용어의 정의
　・'결함'의 정의와 결함률 저감 계획 책정법 학습
　・'시그마'의 정의와 프로세스에 6σ 품질의 적용
　・식스 시그마 플로우 차트(flow chart)

　이 코스는 컴퓨터를 이용한 교육·훈련의 형태를 취하고 있다. 수강 대상은 모토롤라 관련 기업 사원이며, 수강 자격은 특별히 없다. 수강 시간은 8시간이다.(그림 20)

2 ◉ 에어 아카데미

　에어 아카데미(Air Academy Associates, 콜로라도 주 콜로라도 스프링스)는 미국 내외의 민간기업·정부기관·대학에 품질관리 컨설팅

인과관계도
'결과에는 그 현상을 낳는 원인이 반드시 있다'는 전제하에 근본적인 원인으로 돌아가 현상의 해결을 서포트하는 차트.

그림 20   6σ 도달을 위한 6 스텝 활용법

'코스개요'
 이 코스는 모토롤라 사내에서 6σ 품질에 도달하는 것이 얼마나 중요한가를
설명하는 데 역점을 두고 있다. 식스 시그마 활동의 각 프로세스가 정의되고 식
스 시그마 기법의 적용법이 소개된다.

'코스목적'
 · 품질이란 무엇인가, 또 품질 평가는 어떻게 하는가를 이해하는 것
 · 식스 시그마 기법을 이해하고 실제 직장 현장에의 적용법을 배우는 것
 · 품질 프로세스의 파레토도, 인과관계도의 적용법을 배우는 것

'코스에서 다루는 주제'
 · '품질' 및 '기준선' · '개선' 등 품질 관련 용어의 정의
 · '결함'의 정의와 결함률 저감 계획 책정법 학습
 · '시그마'의 정의와 프로세스에 6σ 품질의 적용
 · 식스 시그마 플로우 차트

'코스구성' 컴퓨터를 이용한 교육 · 훈련

'수강 대상' 전체 모토롤라 관련 기업 사원

'수강 자격' 없음

'수강 시간' 8시간

                                          출처: 모토롤라 대학 홈페이지

을 제공하는 회사이다. 제공 서비스의 내용은 통계적 프로세스 관리(Statistical Process Control＝SPC), 실험설계(Design of Experiments＝DOE) 분야의 컨설팅 트레이닝 서비스, 워크숍의 운영, 출판, 교육·훈련보조, 소프트웨어의 개발·판매 등이다. 이 회사는 1990년에 스테판 슈밋, 마크 키멜, 로날드 바딩에 의해 설립되었다. 에어 아카데미가 자사의 컨설팅이나 트레이닝에 사용하는 어프로치는 KISS(Keep It Simple Statistically＝통계기법은 단순하게)라고 불리며, 통계 이론에 안주하는 게 아니라 이론의 현실 환경 응용에 역점을 두고 있다. 따라서 이 회사의 간부는 그러한 SPC 등의 통계용어, 지식경영(Knowledge Management)*이나 품질 관련 테마를 단지 가르칠 뿐만 아니라, 고객이 배운 이론, 컨셉을 실천으로 옮기는 방법을 가르치는 데 노력하고 있다고 말한다.

KISS 어프로치가 채용되는 첫째 이유는 통계적인 복잡성을 제거한 것이다. 왜냐하면 식스 시그마 기법에서는 통계학 그 자체가 목적이 아니라, 사업의 성패를 좌우할 만한 의사결정을 할 때 정보수집·정리를 통계학의 힘을 빌려 하는 것이 목적이기 때문이다. 에어 아카데미의 세미나에서는 여러 가지 식스 시그마 관련 도구나 기법이 준비되어 수강자는 데먼스트레이션이나 컴퓨터 시뮬레이션을 통해 실제로 그것들을 사용해 볼 수 있다. 실천 환경과 일치시킨 트레이닝을 서포

지식경영(Knowledge Management)
많은 기업에서 손대지 않은 상태, 또는 공유화가 진전되지 않은 상황에 있는 업무 노하우나 베스트 프랙티스의 성과를 '지적 자본'(intellectual capital)이라 한다. IT 기술, 특히 인트라넷(Intranet)* 기술을 사용함으로써 이 지적 자본을 부문 내에서 또는 회사 전체에서 공유하고 새로운 부가가치를 창조해 가는 경영기법.

트하는 도구 등이 준비되어 수강자의 통계기법에 대한 이해를 돕는
데 사용되고, 즐기면서 통계적 사고를 배우는 연구도 강구되고 있
다.(그림 21)

3 ● 식스 시그마 인터내셔널(SSI; 현 식스 시그마 Qualtec Inc.)

SSI(애리조나 주 스콧데일)의 식스 시그마 컨설팅은 대단히 전략적
이다. 이 회사는 식스 시그마 기법이나 식스 시그마의 컨셉을 각 회사
에 넓히기 위한 전도사·교사 역의 호칭인 '마스터 블랙벨트', '블랙
벨트', '챔피언', '그린벨트' 등을 상표 등록하고 있다. SSI에서는 통

그림 21   식스 시그마 : 트라이얼 코스실시예

① 실험적 디자인의 개요설계
② 설계와 분석의 기초
③ 엄지 손가락의 법칙(rule of thumb)
④ 산포의 분석
⑤ 회귀 분석
⑥ 도구 레벨의 디자인
⑦ 디자인과 샘플 서비스의 계획과 선택
⑧ 분석 실시
⑨ 결과의 고찰과 분석결과 평가
⑩ 프로젝트 리뷰

출처: 에어 아카데미 홈페이지

인트라넷(Intranet)
TCP/IP나 HTTP 등의 인터넷의 표준 프로토콜(protocol)을 사용하면서도 보안이 확보된 방
화벽으로 보호받는 컴퓨터 네트워크. 사내의 LAN을 인트라넷으로 구축하는 기업이 늘고 있다.

계기법과 식스 시그마 컨셉 교육에 중점을 두면서 경영간부에서 스탭, 영업 등 회사 전체의 광범위한 부문에 교육을 실시하고 있다. 그림 22 에서는 이 회사의 고객과 각 컨설턴트 내용이 소개되고 있다. 고객 리스트에는 얼라이드 시그널, 젠 코포레이션(오하이오 주 페어론), GE,

그림 22   '만족 고객' 리스트

Gen Corporation	·오하이오 주를 본거지로 하는 포리머제품, 자동차부품, 항공방위시스템 메이커	·주형 분사기의 주형변경에 드는 시간을 반감 ·제품폐기 코스트의 저감 ·섬유 라텍스의 잔류물이 침전하는 원인 제거
GE	·가전제품의 세계적 리더	·청구서 발행시 에러 저감에 따른 클레임률 저하
Navistar International	·시카고를 본거지로 하는 트럭, 트렉터용 엔진 및 자동차 용품 회사	·트럭 부품 제조의 과도한 원재료 체류를 저감하는 계획 제안
Nokia	·핀란드를 본거지로 하는 휴대 통신 단말 메이커	────────
Siebe, plc.	·영국 최대급의 기계, 전력엔지니어링 회사	·제1진 27명을 블랙벨트로 양성, 자사의 프로젝트에 지대한 경비 절감 효과

출처: Six Siama International 홈페이지

나비스타 인터내셔널(일리노이 주 시카고), 노키아(핀란드 에스푸), 시브(영국 윈저) 등, 광범위한 업종의 대기업의 이름이 올라와 있다. 젠코포레이션사에는 제품 폐기 코스트의 저감과 작업시간의 단축 등을, GE에는 청구서 발행시의 미스나 에러 삭감을 컨설팅하고 있다. 또 나비스타사에는 과잉 자재의 저감플랜을 구축하고, 시브사에는 이 회사가 육성하려는 27명의 블랙벨트 교육을 담당하고 있다. 이와 같이 컨설팅 범위는 경영기초 이론을 시작으로 생산, 경영기준 설정, 조직체제까지 광범위하게 지도하고 있다. SSI의 식스 시그마 컨설팅을 받은 결과, 각사의 업적은 신장하였고 주가도 상승했다고 한다. 즉 얼라이드 시그널은 51.75달러나 주가가 올랐고, 젠 코포레이션은 10.81달러, 나비스타는 8.88달러, GE는 23달러 등, 각사 모두 주가를 올렸다.

SSI에서는 프로세스 데이터 주체의 시스템을 실현함으로써 6σ 기준의 달성을 기업 이념으로 삼고 있다. 구체적으로는 고객 만족의 향상, 결함의 저감, 생산수율 향상, 사업 이윤과 생산성 향상, 프로세스 능력 향상, 정기적인 프로세스 계측 실시 등을 통해서 경쟁을 이겨내고 시장 점유율 확대를 목표로 하고 있다. 그 때문에도 MAIC를 통한 최고품질의 상품 프로세스 서비스의 제공을 자사에도 적용하고 있다.

4 ● 어드번스트 시스템즈·컨설턴트 (ASC)

ASC(애리조나 주 스콧데일)는 주로 제조업에서 제조 프로세스의 개선, 엔지니어링 효율 향상의 방법론을 컨설팅하여 고품질 달성, 생산수율 향상을 고객에게 제공하는 것을 사업 지침으로 삼고 있다. ASC도 '식스 시그마 트레이닝센터'를 개최하고 있으며 기업에 근무하는 모든 사람들에게 식스 시그마 기법을 보급하는 것이 목적이다. 이 세미나가 대상으로 하는 기업부문은 임원, 관리직, 구매부문, 재무부문, 마케팅부문, 영업부문, 공학부문, 제작부문, 제조부문, 설계부문, 품질부문 등, 거의 전체를 망라한다. 세미나 참가자는 대개 그림 23과 같은 코스를 따라 학습한다.

5 ● 레이선 시스템

레이선은 매사추세츠 주 렉싱톤에 본사를 두고 연간 매상 1백40억 달러를 올리는 거대 항공기·전자기기 메이커이다. 1997년에 창립 75주년을 맞이한 레이선은 휴즈의 항공기부문을 매수했는데, 마찬가지로 텍사스 인스트루먼트(TI)의 방위·전자기기부문을 매수한 레이선 TI 시스템(Raytheon TI Systems=RTIS, 텍사스 주 달라스) 등, 관련 3사 1부문을 합병해 1997년 12월에 레이선 시스템을 설립하였다. 이 회사의 주요 제품은 육해공 3군용으로 개발한 미사일 시스템, 전술병기, 전자광학기기, 공중 레이더, 전자교전 시스템 등, 고도의 방위 시스템이다. 이런

그림 23 식스 시그마 트레이닝 세미나에 참가해야 할 사람

이 코스는 기업에 근무하는 모든 사람들에게 식스 시그마를 보급하는 것이 목적이다. 아래와 같은 종업원에게는 특히 권고한다.

· 임원

· 관리직

· 구매부문

· 재무부문

· 마케팅부문

· 영업부문

· 공학부문

· 제작부문

· 제조부문

· 설계부문

· 품질부문

1. 식스 시그마는 왜 필요한가
2. 식스 시그마 품질
3. 식스 시그마 목표와 품질목적
4. 벨 커브(정규분포)
5. 발생빈도
6. 통계적 분포
7. 산포의 저감(기업에의 표준적 어프로치)
8. 1.5σ 평균치를 올리는 것의 통계적 의미
9. 결함률 · 수율 등의 통계용어 해설
10. 6σ의 기술적 도달법
11. 6σ의 비기술적 도달법
12. 2000년대의 전략
13. 학습 사항의 복습

출처: 어드번스트 시스템즈 컨설턴트 홈페이지

가운데 레이선 시스템은 단순한 방위 시스템 메이커에서 탈피하여 교육·연수에도 주력하기 시작하였다. 레이선 시스템에서 교육·연수를 담당하는 것이 '러닝 인스티튜트'(The Learning Institute = TLI)이다. 텍사스 주법에 따라 레이선 시스템은 기업간에 교육·훈련 계약을 체결할 수는 있으나, 개인과의 계약은 금지되어 있기 때문에 일반 개인에게는 TLI가 교육·훈련을 제공할 수 없다. TLI에는 엄격한 심사를 통과한 각 분야의 전문가가 많다. 그들은 풍부한 실무경험을 가지고 수강자의 학습 효과를 올리는 데 유효한 현실 문제나 구체적인 대처법을 제공해 준다.

TLI는 단순히 교육·훈련 코스를 제공하는 데 그치지 않고 컨설팅 서비스도 실시하고 있다. 컨설팅 내용은 고객이 무엇을 배우고 싶어하는지, 수요의 분석을 비롯하여 수강을 마친 교육 코스의 사후관리 (follow up)나 학습 성과를 현장에서 도입해 보고자 하는 경우의 서포트도 포함한다. 또 각 기업의 경쟁력에 근거한 업무 개선 분석도 직접 다루며 비용 대 효과의 높은 문제해결법을 제시한다. 제시된 솔루션에 따라 최종 결과를 확인하기 위해 필요한 종합적인 평가 전략의 개발을 돕는다. 레이선 시스템은 방위산업 가운데 유일한 말콤 볼드리지상(The Malcolm Baldrige National Quality Award)* 수상 기업이기 때문에 이 상을 목표로 하는 기업에게 컨설테이션도 실시하고 있다.

말콤 볼드리지상
'미국 산업의 경쟁력 회복'을 목적으로 1988년에 제정된 국가상. 제조부문에 있어서 모토롤라 (1998년), IBM 로체스터 공장(1990년), TI 방위전자부문(1992년) 등이 수상하였다.

레이션 시스템의 교육 코스는 자사가 메이커라는 점에서 품질관리나 기타 통계 코스를 주체로 하고 있지만, 그 중에는 리더십 교육이나 문제해결에 관한 교육도 있다. 이와 같은 레이션 시스템의 교육 코스 중에서 식스 시그마 기법의 명칭을 가진 프로그램 5가지를 소개한다.

● 식스 시그마의 기본 컨셉(Six Sigma Basic Concepts)

이 코스는 모든 업무 프로세스에서 품질을 측정하고 개선하기 위한 6개의 스텝을 가르친다. 팀이나 공통된 작업 프로세스에 종사하는 그룹의 참가가 바람직하다. 예컨대 TI에는 생산 라인의 작업자나, 상품의 설계·제조에 직접 관여하지 않는 비서, 일반 사무직, 인사·재무·법무·총무부원이나 마케팅부문도 참가하였다. 강습을 마친 팀은 어떠한 업무 프로세스에 대해서도 식스 시그마 기법의 계측법을 적용할 수 있게 된다. 또 결함 레벨을 계산하고 업무 프로세스의 매핑(mapping)을 하며 그것을 개선할 수 있게도 된다. 수강 자격은 특별히 없다. 수강 기간은 하루. 비용은 3백 달러이다.

● 식스 시그마의 조립성 실현을 위한 설계

(Design for Six Sigma Manufacturability)

이 코스는 상품 품질을 평가·계산하고 영속적으로 개선하기 위해 기본 컨셉에서 배운 6 스텝 기법에 관한 상세한 수리적 학습이 시행

된다. 강습을 마친 팀은 생산능력에 관한 정보를 추가해 어느 정도의 설계 마진을 포함시킬 것인가도 고려하여 곧 6σ 제품을 만들게 된다. 이 코스에 참가하는 수강자는 관리직, 상품 개발팀 멤버나 현장 엔지니어 등이다. 수강자는 제품의 생산능력이 자사, 고객, 공급자에 미치는 영향을 이해할 수 있게 된다. 그리고 정규분포·포아송 분포*를 사용하여 결함의 발생을 예측하고 통계기법을 사용함으로써 사이클 타임, 코스트, 신뢰성에의 임팩트를 추정할 수도 있게 된다. 제품 개발에 식스 시그마의 6 스텝을 적용하는 방법을 배워 컨커런트 엔지니어링* 이 6σ 제품 품질에 대단히 중요하다는 것도 이해한다. 이 프로그램에서 습득하는 기능은 결함 레벨의 계산·예측법, 팀에 의한 의사결정법 이나 문제해결법 등이다. 수강 자격은 대수학 및 자연대수의 지식이 있고 과학기술 계산용 전자계산기를 사용해서 간단한 계산을 할 수 있는 사람에게 한정된다. 수강 기간은 2일. 비용은 5백50달러이다.

● 비즈니스 프로세스에 식스 시그마 적용

(Six Sigma for Business Processes)

이 코스는 모든 업무 활동에 식스 시그마 기법의 적용법을 가르치는 워크숍이다. 팀을 구성한 참가자는 각자가 담당 업무 몇 개에 식스 시그마 컨셉을 적용해 본다. 그 위에 각 팀은 계속적인 개선 계획 1차 안을 작성한다. 수강자는 특별히 한정되지 않고 어떤 업무 활동도 무

포아송 분포
정규분포에 대하여 '왜곡된 분포'. 전쟁중에 말(馬)에게 치이는 확률은 극히 낮지만 치일 경우에는 '거의 죽는다'는 점에 주목해서 확립된 분포. '전화가 통화중일 경우는 3분 후에 다시 걸면 연결되기 쉽다'는 말의 이론적 증거.
컨커런트 엔지니어링(Concurrent Engineering = CE)
업무를 병행적으로 처리하는 사고방식. CE의 도입으로 제품 개발에서 시장투입까지의 전체 스케줄을 대폭 단축시킬 수 있게 된다. 일본 기업의 신제품 개발기간의 근본적 개선에 공헌하였다.

관하므로 팀을 구성하기만 하면 된다. 다만 팀 멤버는 공통된 상품 서비스에 종사하고 있거나 비슷한 임무를 가지고 있어야 한다. 워크숍 참가자는 식스 시그마의 6 스텝 기법을 배우고 상품 서비스의 품질을 정의하고 품질 향상을 위한 다양한 기법을 사용하여 개선 계획을 세운다. 이 프로그램에서는 상품, 고객, 공급자, 수요 등을 자기 나름대로 발견하는 능력, 프로세스, 사이클 타임이나 결함을 정의하고 시종 일관된 프로세스 수행을 확보하는 기술, 다양한 계산방식을 찾아 사용하는 방법, 문제해결력, 결함 예방·방지 등의 기법을 체득한다. 수강 자격은 특별히 없다. 수강 기간은 2일. 비용은 참가자 1인당 7백 달러이다.

● 설계 프로세스에 식스 시그마 적용
(Six Sigma for Design Processes)

이 워크숍은 모든 리서치, 설계, 개발 프로세스에 식스 시그마 기법의 적용에 관하여 가르친다. 참가자는 식스 시그마 컨셉을 자기 자신의 프로세스에 적용하는 작업을 팀에서 행한다. 각 팀은 계속적인 개선 계획의 1차안을 작성한다. 참가자는 리서치, 설계, 개발에 편성된 팀. 팀 멤버는 공통된 상품 서비스에 종사하고 있던가, 비슷한 임무를 갖고 있을 필요가 있다. 워크숍 참가자는 식스 시그마에의 6 스텝 기법을 배우며 상품 서비스에 있어서의 품질을 정의하며 품질 향상을 위한 다양한 기법을 사용하며 개선 계획을 책정한다. 여기서 습득하는 기법은 상품, 고객, 공급자, 수요 등을 자기 나름대로 찾아내는 능력, 프로세스, 사이클 타임이나 결함을 정의하고 일관된 프로세스 수행을 확보하는 기술, 다양한 계산방식을 찾아서 사용하는 방법, 문제해결력, 결함의 예방·방지 등이다. 수강 자격은 특별히 없다. 수강 기간은 2일. 비용은 참가자 1인당 7백 달러이다.

● 소프트웨어에의 식스 시그마 적용: 프롤로그
　　　　　　　　　(Software Six Sigma; The Prologue)

　이 코스는 식스 시그마의 기본 컨셉을 제시하여 그것이 어떻게 소프트웨어에 적용되는가를 배운다. 논의되는 토픽으로는 식스 시그마 컨셉의 기원, 식스 시그마 컨셉의 소프트웨어 적용, 소프트웨어 제품의 품질이나 그 생산 프로세스를 개선하는 컨셉, 기법의 사용 등이 예정되어 있다. 수강자는 한 팀을 만들어 식스 시그마 컨셉을 적용하는 연습을 한다. 수강자는 시스템 엔지니어(SE), 프로그래머, 소프트웨어 품질관리자 등 소프트웨어 비즈니스와 관계 있는 모든 사람을 대상으로 한다. 수강자는 계속적인 개선의 필요성을 인식하고, 공통된 품질 관련 용어로 이야기할 수 있게 된다. 또 품질을 계측하고 계속적으로 감시하는 기술을 배운다. 식스 시그마의 6 스텝 기법을 적용하고, 계산 방식의 올바른 사용법을 이해한 후 개선할 필요가 있는 영역을 찾아내어 그 계산방식을 적용할 수 있게 된다. 이 코스에서는 상품, 고객,

공급자, 수요 등을 자기 나름대로 발견하는 능력, 프로세스, 사이클 타임이나 결함의 정의 부여, 일관된 프로세스 수행을 확보하는 기술, 다양한 계산방식을 찾아내 사용하는 방법, 문제해결력, 결함의 예방·방지법 등의 기법을 체득한다. 수강 자격은 소프트웨어 개발에 관한 기초적인 지식을 가지고 있는지 강사의 동의가 있어야 한다. 수강 기간은 2일간. 비용은 참가자 1인당 7백 달러이다.

레이선 시스템이 식스 시그마 기법에서 의의를 찾아내고 그 교육을 추진하면서 생긴 문제 의식은 '식스 시그마 기법으로 기업은 모든 가능한 결함을 예측하여 발생을 피해야 한다는 신념'에서 찾을 수 있다. 다만 그들이 말하는 결함이란 단순한 제조 실수나 오퍼레이션 실수에 그치지 않고, 고객의 요구 조건을 총족시키지 못하는 모든 것을 말한다. 레이선 시스템은 식스 시그마 활동의 최종 목표를 고(高)품질, 저(低)코스트, 최소한의 사이클 타임의 실현으로 고객 만족을 향상시키는 데에 두고 있다. 식스 시그마 활동이 고품질을 가져오는 것은 자명하다. 그리고 저코스트를 가져오는 이유는 4σ 기업의 결함 대응 코스트가 매출고의 25% 이상인 데 비해 6σ 기업은 1% 이하라는 사실을 보면 이해할 수 있다.(그림 24)

이와 같이 코스트 발생을 격감시킴으로써 기업 경영에 매우 큰 기여를 하는 식스 시그마의 교육은 어느 정도의 자금이 필요한가. 자사

그림 24   식스 시그마의 경쟁 우위성

왜 식스 시그마인가?

그 최종 목표는 고품질, 저코스트, 그리고 최소한의 사이클 타임이며, 이들의 실현에 따라 고객 만족을 크게 향상시키는 것이다.

· 6σ는 '우수'를 의미하는 표준이며 국제적인 퍼포먼스 측정을 위한 지표 및 공통 목표가 될 수 있다.

· 6σ 기업의 결함 발생에 따른 코스트는 매출고의 1% 이하이다.

· 4σ 기업의 결함 발생에 따른 코스트는 매출고의 25% 이상이다.

출처: 레이선 시스템 홈페이지

의 식스 시그마 기법 도입을 식스 시그마 아카데미에 위탁했을 경우 대략적인 경비를 그림 25에 표시한다. 식스 시그마 아카데미의 비용체계는 기본 비용과 추가 비용(옵션)으로 이루어져 있다. 기본 비용은 최저금액이 1백만 달러이며, 고객 기업의 매출 규모에 따라 금액이 더 추가된다.(추가된 금액 비율은 비공개) 추가 비용은 육성하려는 블랙벨트의 인원수에 따라 결정된다. 1클래스 15명으로 15만 달러라는 액수

그림 25　식스 시그마 아카데미 : 라이센스 비용

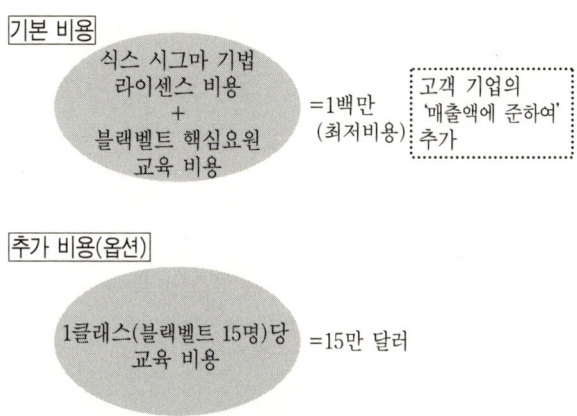

기본 비용

식스 시그마 기법
라이센스 비용
+
블랙벨트 핵심요원
교육 비용

=1백만
(최저비용)

고객 기업의
'매출액에 준하여'
추가

추가 비용(옵션)

1클래스(블랙벨트 15명)당
교육 비용

=15만 달러

출처 : 'Toronto Globe and Mail' 9/26/97

가 공표되어 있다. 기업이 식스 시그마 도입을 위해 투입한 경비는 교육기관이나 컨설팅 회사에 지불하는 비용만이 아니다. GE는 식스 시그마 기법 도입에 4억 달러를 지출하고 있다.

　소니가 식스 시그마 아카데미에 지불한 계약 금액은 교육 수강자 44

명에 수억 엔이라고 한다.(《닛케이 산업신문》97년 11월 12일자). 또 GE 요코가와 메디컬시스템도 총액 2억~3억 엔을 투자하여 식스 시그마 기법을 도입하고, 1년 이내에 제조, 영업, 마케팅, 서비스, 개발부문에 적용시킬 예정이다.(《닛케이 산업신문》97년 12월 2일자) 이처럼 식스 시그마 도입은 수억 엔 단위의 자금이 필요하다.

프로젝트 리더; 블랙벨트

식스 시그마 활동은 M(측정), A(분석)에서 늘어난 개선을 필요로 하는 비즈니스 프로세스가 수십, 수백의 규모로 제시되어 그 개선 대상 프로세스마다 프로젝트를 선정하여 활동을 시작한다. 이 때문에 프로젝트수도 방대하다. GE에서는 1995년 가을에 활동을 시작해서 97년 여름까지 합계 1만 건 이상의 프로젝트 활동이 전개되었다.

이러한 각 프로젝트팀의 리더가 '블랙벨트'이다. 블랙벨트는 식스 시그마 활동에 착수하려는 기업에 식스 시그마 컨셉의 전도사, 식스 시그마 기법의 교사 역할을 동시에 담당하는 식스 시그마 활동의 전임자이다. 이 때문에 각 교육기관의 교육 커리큘럼은 블랙벨트 교육이라는 체제를 갖추고 있는 경우가 많다.

식스 시그마 기법 자체가 아직 젊은 기법이기 때문에 교육체계도 교육기관에 따라서 상당히 다르다. 대표적인 에어 아카데미의 교육체계를 요약하면 그림 26과 같은 구조가 된다. 에어 아카데미가 식스 시그마를 추진하는 블랙벨트를 양성하는 프로그램에서 주력하고 있는 점은 철저한 고객 만족 사고, 보다 잘, 보다 빨리, 보다 저비용으로 고객에 대한 서비스 제공, 경쟁자에 대한 우위성 확보 등, '월드클래스 문화'에 대한 철저한 인식이다. 이 프로그램에서 통계용어나 통계기법의 훈련은 그다지 강조되지 않는다.

교육 프로그램은 3회로 나누어져 있다. 제1, 제2스텝에서는 MAIC의 실천으로 VOC · CTQ라는 관점을 기초부터 가르친다. 수강자는 고객의 소리에 겸허하게 귀를 기울인다는 것은 무엇인가, 모든 경우의 품질 향상을 방해하는 중요한 요인은 무엇인가를 배우게 된다. 각 스텝의 기간은 1주일이고, 3회 사이에는 반드시 1개월, 6개월의 인터벌을 갖는다. 이 기간에 수강생은 자기 회사로 돌아가 강의에서 얻은 지식을 활용해 현실 문제에 대처하게 된다. 제3스텝에서는 리포트 제출이 의무화되어 있는데, 이 리포트에는 자사의 식스 시그마 실천 보고가 이루어진다. 이 단계를 마친 자만이 수료증서를 받을 수 있으며, 정식으로 '블랙벨트'가 된다.(그림 27)

그림 26 블랙벨트의 교육체계

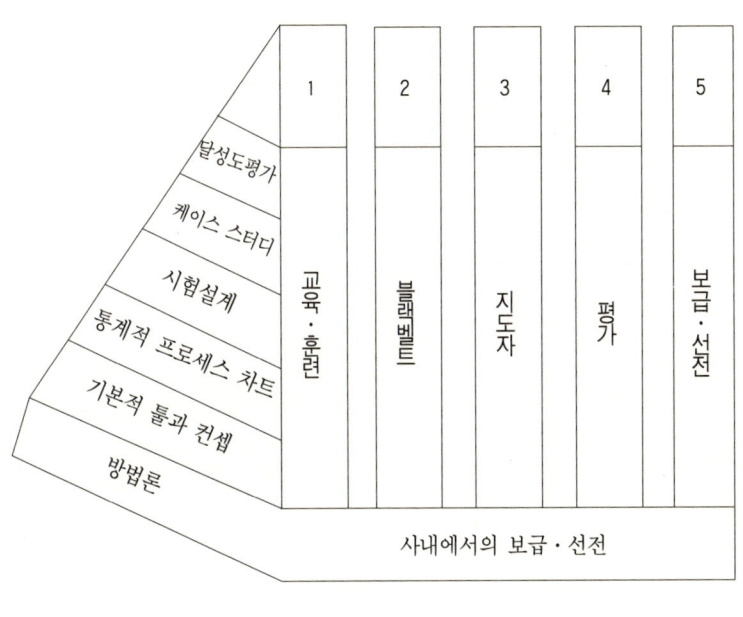

1. 지식   2. 숙달도   3. 자신감   4. 설명의무   5. 보급·확산

출처: 에어 아카데미 홈페이지

그림 27   식스 시그마 교육체계

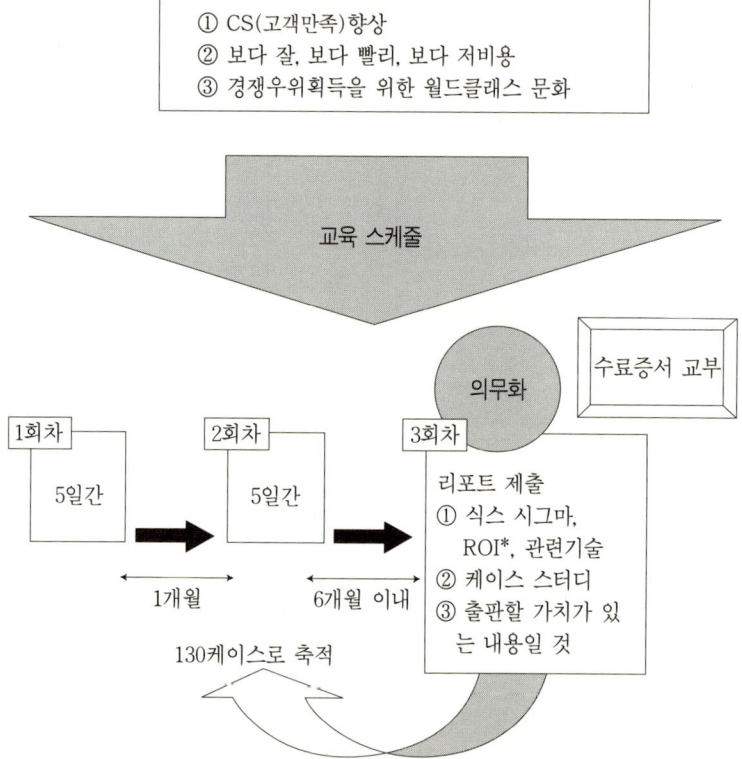

목적: MAIC에 의한 6σ 달성

① CS(고객만족)향상
② 보다 잘, 보다 빨리, 보다 저비용
③ 경쟁우위획득을 위한 월드클래스 문화

교육 스케줄

의무화

수료증서 교부

| 1회차 | 2회차 | 3회차 |

5일간   5일간

1개월   6개월 이내

리포트 제출
① 식스 시그마,
   ROI*, 관련기술
② 케이스 스터디
③ 출판할 가치가 있
   는 내용일 것

130케이스로 축적

* 투자이익률. 기업자산의 수익력을 측정하는 지표.
  총자본이익률, 자기자본이익률, 투하자본이익률
  등, 정의에 따라 수치는 다르지만 '높은' 쪽이
  바람직한 지표.

출처: 에어 아카데미 홈페이지

식스 시그마 활동에는 또 하나 '그린벨트'라는 자격도 있다. 이것은 식스 시그마 교육기관에서 강습을 받아 자격이 인정되는 프로세스는 거치지 않는다. 그들은 사내에서 식스 시그마 교사인 블랙벨트에게 식스 시그마 컨셉 기법을 배우고 나서 통상 업무를 하면서 식스 시그마 활동의 리더로도 일한다. 따라서 블랙벨트는 최저 10건의 프로젝트를 동시병행적으로 지도해야 하지만, 그린벨트는 언제나 최저 1건의 프로젝트 관리만 하면 된다.

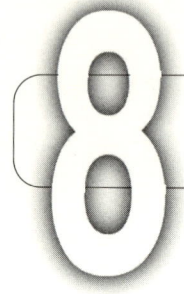

식스 시그마 관련 패키지 소프트웨어

식스 시그마 아카데미에서는 미니탭사의 통계 패키지를 유일한 추천 통계 소프트웨어로 인정하고 있다. 식스 시그마 아카데미의 마이켈 해리는 'MINITAB®'은 사용하기 쉽고 의뢰인의 제조, 엔지니어링, 경영품질 등의 향상을 지원하는 많은 기능을 갖추고 있다고 인정한다. 또 미니탭사는 식스 시그마 아카데미와 협력하여 고객주문에 따른 특수 기능을 추가하는 데에도 적극적이다. 에어 아카데미도 자사가 만든 통계 툴(tool)을 첨가한 미니탭사의 패키지를 사용하고 있다.

미니탭사는 1972년에 통계 툴 'MINITAB®'을 개발한 이래, 25년에 걸친 소프트웨어 비즈니스의 실적을 가지고 2천 개 이상의 대학과 80개국 이상의 기업을 고객으로 유치한 유력 기업이다. GE에 있어서도 'MINITAB®'은 추천 통계 소프트웨어로 인정받고 있다. 코포레이트 라이센스에 따라 소프트웨어 사용권은 물론 다큐멘트, 교육자료 제공, 교육, 기술 서포트도 일괄해서 제공되며 GE의 식스 시그마 활동을 유지하는 통계적인 문제해결 툴의 하나로 사용되고 있다. 6σ 기준 달성을 위해서는 사내 리더의 교육활동이 필요한데, 미니탭은 패키지 소프트웨어 판매뿐만 아니라 교육기관이 제공하는 교육 프로그램과 하나로 된 마케팅 활동도 하고 있다.

'MINITAB® 12판'은 파레토도, SPC도(통계적 프로세스 관리도) 등의 기본 기능을 이용하여 매 트랜젝션의 평균 시간, 통계적 신뢰 레벨 등을 계산하는 종합 패키지 통계 소프트웨어이다. 'MINITAB®'은 주로 통계학 교육용으로, 또는 기술자나 품질관리 담당자를 위한 프로세스 개선용으로 개발되었다. GUI*에는 풀다운 메뉴(pull-down menu), 다이얼로그 박스(dialogue box)를 갖추고 있기 때문에 간단하게 프리젠테이션 스타일의 그래픽을 얻을 수 있다. 'MINITAB®'의 동작 환경은 Windows 95, Windows NT를 전제로 하고 있다. 그러나 Windows 3.X 유저용으로는 앞으로도 Windows 3.X에 대응하는 11판을 판매한다. 데이터 베이스는 DDE · ODBC에 대응하는데, Excel, Lotus 1-2-3, Quattro Pro, dBASE 텍스트 등의 파일 사이에서도 데이터 교환이 가능하다.

GUI(Graphical User Interface)
그래픽컬 유저 인터페이스. 화면상에서 시각적으로 호소하는 등, 유저에서 이해하기 쉽고 사용하기 쉬운 환경을 초래하는 기술.

에어 아카데미의 툴은 식스 시그마 컨셉, 통계적 지식, 실패 코스트 분석, 원인/결과 다이어그램 등, 13항목에 미치는 기법을 포함하고 있다. 제1항목에 있는 KISS(Keep It Simple Satistically＝통계기법은 단순하게) 어프로치는 '통계기법은 중대한 의사결정의 근거가 되는 지식을 얻기 위한 수단에 불과하다'는 인식에 근거하여 언급되고 있다. 이렇게 시장에 나돌고 있는 각종 식스 시그마 관련 통계 툴은 기초적인 통계적 소양이나 6σ 기준에 의거한 평가 지식만 있으면 다룰 수 있다. 그러나 문제점은 사내 식스 시그마의 추진체제나 방침상 각종 툴을 선택해야 하는 것이다. 예컨대 사내에서 식스 시그마라는 공통된 컨셉의 이해를 돕기 위해서 통계 툴을 도입하려는 경우와 식스 시그마의 목표설정의 의견 일치를 형성하기 위해 도입하는 경우 선택해야 할 통계 패키지가 다르다.

※ 이하의 상표는 (　　) 내 각사의 등록 상표이다.
Windows®, Windows 95®, Windows NT®, Excel®(Microsoft)
Lotus 1-2-3®(Lotus Development)
Quattro Pro®(Corel)
dBASE®(Borland)
MINITAB®(Minitab)

제 **2** 장

지금까지의 경영 · 품질 관리 기법과 무엇이 다른가

식스 시그마라는 경영기법의 등장에 다소 식상함을 느끼는 사람이 있을 것이다. 왜냐하면 일본 기업은 경영기법의 도입 경험이 많기 때문이다. 그러한 기법 중에는 기업에 착실히 소화된 것이 얼마간은 있었을 것이다. 그러나 흥미로운 것은 많은 기업에서 효과를 본 기법일지라도 그 기법에 정말 만족하고 있는 기업은 전체의 3할 내지 6할 정도에 머물고 있다는 것이다.(그림 28)

　　일본 기업에게 성공적인 경영기법에 대한 기대도와 만족도의 차이는 기법 그 자체에 문제가 있는 게 아니라 그 기법을 도입하는 기업의 이해 부족이 원인이다. 즉 새로운 경영기법을 만병통치약처럼 생각한 나머지 어떠한 기법이라도 반드시 자사의 사업 목적이나 경영풍토에 맞도록 재구성해야 한다는 것을 쉽게 잊어버린다. 일본 기업의 경영간부는 타사와의 라이벌 의식이 변질된 줄서기 의식*을 가지고 있다. 그래서 구미에서 인기 있는 기법을 어디선가 도입하면 그 본질을 확인하지 않은 채 쉽게 덤벼드는 경우가 많다. 그 결과로, 도입된 경영기법에 대한 현장의 불신감을 더욱 격화시키게 된 것은 아닐까.

줄서기 의식
좋게 말하면 타사(타인)에게 뒤지지 않으려는 의식이라고 할 수 있지만 타사보다 더 나아지려고는 생각하지 않는다. 일본적 경영의 특징 가운데 하나라고 할 수 있다.

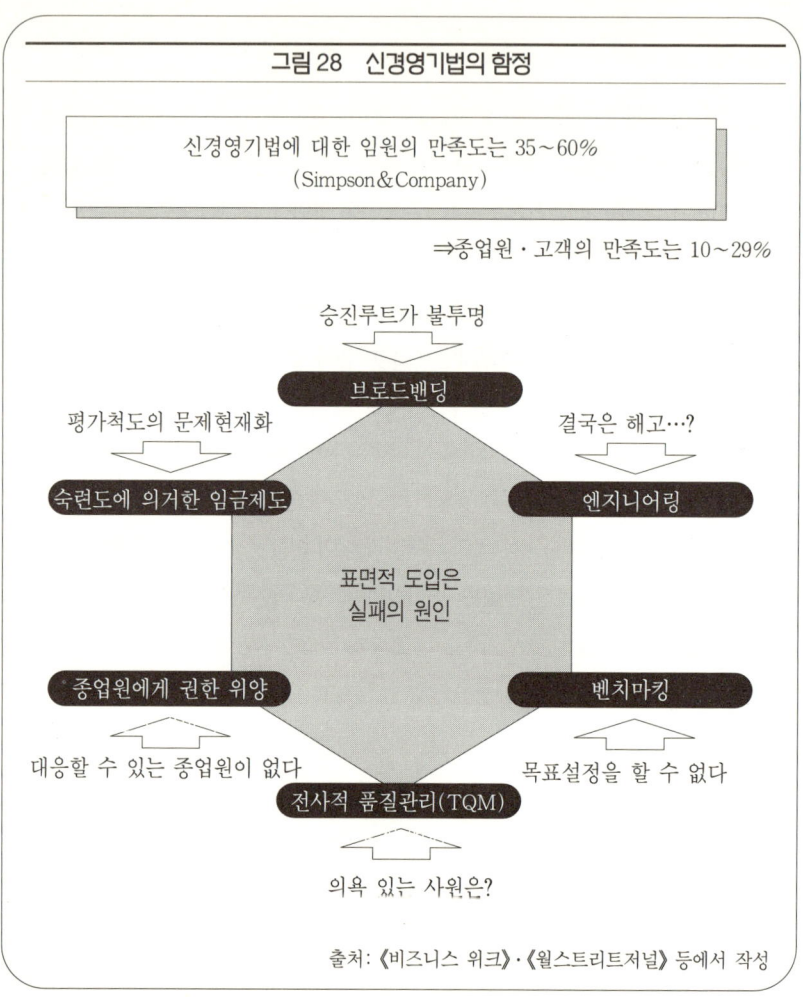

그림 28 신경영기법의 함정

신경영기법에 대한 임원의 만족도는 35~60%
(Simpson&Company)

⇒종업원·고객의 만족도는 10~29%

승진루트가 불투명

브로드밴딩

평가척도의 문제현재화

숙련도에 의거한 임금제도

결국은 해고…?

엔지니어링

표면적 도입은
실패의 원인

종업원에게 권한 위양

벤치마킹

대응할 수 있는 종업원이 없다

목표설정을 할 수 없다

전사적 품질관리(TQM)

의욕 있는 사원은?

출처:《비즈니스 위크》·《월스트리트저널》 등에서 작성

신종의 경영기법이나 경영전략의 붐이 일어나면 의미하는 바가 순식간에 세계의 공통 인식으로 된 것처럼 보인다. 그러나 사실을 말하면 본질은 이전에도 있었던 기법이나 전략의 재탕일 경우가 많다. 식스 시그마 기법을 혁신적이라고 소개하면 분명 저항감을 느끼는 사람이 있을 것이다. 식스 시그마 기법을 표면적으로만 파악하면 또다시 '단순한 개선 기법'에 그치고 만다. 식스 시그마의 본질을 확인할 수 있어야 비로소 그 효용을 자기 것으로 할 수 있다.

　이 장(章)에서는 과거 경영기법 도입시의 실패를 표본으로 삼아 일본 기업이 식스 시그마 기법 도입에 성공하기 위한 조건을 검토한다. 검토하면서 일본 기업이 기존의 기법 도입시 범해 온 실패와 비교하여 식스 시그마 기법 도입의 필요조건을 추출한다.

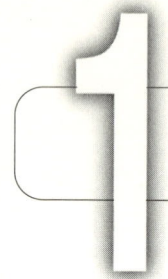

기존형 품질관리 기법과 식스 시그마

그림 29는 미스나 에러 관리를 위한 기법을 개발순으로 정리한 것이다. 'QC* 시대'의 품질관리에는 히스토그램(histogram), 파레토도, 관리도로 대표되는 'QC 7가지 도구'(그림 30)가 있으며, TQC*, TQM* 시대에는 애로우 다이어그램, 매트릭스도, KJ법으로 대표되는 'QC 신 7가지 도구'(그림 31)가 사용되었다. 식스 시그마 기법을 컨설턴트나 경영연구에 종사하는 사람들조차 '품질개선 기법의 하나에 불과하다'고 생각하는 경우가 많은데, 식스 시그마에는 컨셉은 있지만 범용적인 '도구'는 존재하지 않는다. 굳이 말하자면 통계적 사고, OR 사고를 도구라고 할 수 있을 것이다. 이 장에서는 기존형 품질관리 기법과 식스 시그마 기법과의 차이점을 명확히 하겠다.

QC(Quality Control)
품질관리. 80년대 일본 제조업의 세계 제패를 가능케 하는 원천이 된 기법의 하나. 생산 현장이 그 타켓이었다.
TQC(Total Quality Control)
전사적인 품질관리. QC 기법을 생산 현장 이외의 간접부문에도 전개하였다.
TQM(Total Quality Management)
종합적 품질관리. 기본적으로는 TQC를 답습. 경영 품질의 향상이 목표. 구미에서는 'TQM'이 TQC보다도 일반적이다.

그림 29 식스 시그마의 위치부여

QC, TQC, TQM의 발상의 연장으로는
식스 시그마에 대응할 수 없다.
점프가 필요하다.

(통계학을 툴이라고 하지만 기본적으로는
OR적 컨셉을 툴이라고 인식하는 게 옳다.)

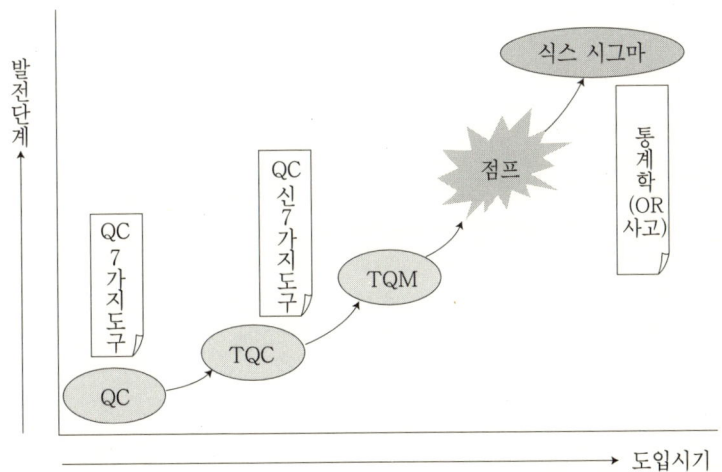

그림 30　QC 7가지 도구

1. 체크시트: 데이터 수집, 문제분석을 효과적으로 실시하기 위한 도구

2. 히스토그램: 데이터의 산포 상태를 파악하기 위한 도구

3. 그래프: 숫자를 시각화해서 정보 전달을 용이하게 하기 위한 도구

4. 산포도: 요인간의 관계를 파악하기 위한 도구

5. 파레토도: 문제의 중점화, 우선순위 매김을 위한 도구

6. 특성요인도: 문제의 원인 전체를 정리하기 위한 도구

7. 관리도: 프로세스가 통계적 안정(일정한 품질 수준의 유지) 상태인가를 판정하기 위한 도구

그림 31 QC 신 7가지 도구

1. 친화도법(KJ법): 무엇이 문제인가?
(혼돈된 상태에서 문제를 정하고 해결책을 도출하기 위한 도구)

2. 연관도: 결과와 원인의 관계는? 어째서 ~인가?
(뒤얽힌 요인을 정리, 명확히 하여 중요 요인을 정의하기 위한 도구)

3. 계통도: 목적과 수단의 관계는? ~을 ~하기 위해서는?
(해결을 위한 최적의 수단을 계통적으로 정하기 위한 도구)

4. 매트릭스도: A와 B와의 대응관계는? 상호관련성의 정도는? (많은 요인의 대응관계를 정리하여 해결을 위한 수단의 힌트를 얻기 위한 도구)

5. 애로우 다이어그램: 시간의 흐름의 순서는?
(최적의 일정계획을 작성하기 위한 도구. 실행시의 진척 관리에도 유효)

6. PDPC(과정결정계획도): 만약 ~이라면 어떻게 하겠는가?
(계획 미달성을 상정하여 사전에 대체안을 검토·정리해 두기 위한 도구)

7. 매트릭스 데이터 해석(주성분 분석법): 제일 효과 있는 요인은 무엇인가?
(다수의 요인·특성간의 관계를 정리하여 과제로 집약하기 위한 도구)

분명 식스 시그마와 가장 인접관계에 있는 기법은 QC, TQC, TQM 등, 제품 품질관리 기법이다. 그러나 식스 시그마와 이들 기법간에는 큰 차이가 있다. 그림 32에 이미지를 표시했는데, 기초적인 QC 기법은 공정(工程)을 대상으로 작업 개선이나 공정 설계를 지향하고 있었다. 흐름식 작업을 가능케 한 라인 밸런싱(line balancing)* 기법도 QC 영역에 속한다. QC 기법이 현장의 작업 개선에 크게 공헌하게 되자, 이 기법을 직장 전체에 보급시키려고 한 것이 TQC였다. 공정, 현장에서 QC 기법의 개선 툴을 간접부문에까지 확대하려 한 것은 당연

그림 32   식스 시그마의 대상 범위

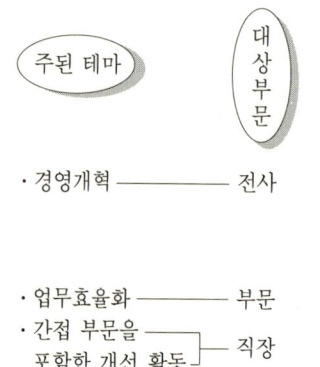

라인 밸런싱
자동차·가전을 중심으로 흐름식 작업을 가능하게 하는 이론. 라인 스피드와 작업자수의 밸런스화가 연구대상.

한 일이었다. TQC의 대표적인 기법이 사무 공정 분석이고, 이것은 현장에서의 공정 개선 플로우 차트(flow chart)화 기법을 간접부문에 적용한 데 불과하다.

TQC 기법은 TQM으로 발전하며, 현상으로 나타난 미스나 에러를 없애는 사고에서 '업무 효율화'라는 시점으로 고도화되었다. 고도화되었다 해도 업무 효율화란 단지 '정해진 작업 내용을 지금보다 5분이라도 빨리, 1백 원이라도 싸게 하자'는 것이다. 따라서 채산이 안 맞는 개별적인 일이나 업무 제거까지는 TQM의 결론으로 할 수 있지만, 전체의 일 그 자체를 제거하는 수준까지는 이르지 못한다. 즉 TQM의 결과, 자신의 직장이 없어지는 일은 기본적으로 없었기 때문에 소집단 활동으로 이루어진다. 개선으로 자신의 직장이 없어지면 일자리를 잃게 되므로 안심하고 개선 활동에 전념하기는 곤란했을 것이다.

이에 반해 식스 시그마는 '경영 전반을 대상으로 하는 경영혁신 활동'이다. 혁신이 개선과 다른 점은 개선이 실체가 있는 것에만 행하는 활동임에 비해, 혁신은 현상에 구애되지 않고 순수하게 목표를 추구하는 활동이라는 점이다. 이 차이점은 현실 사업에서 중요하다. 예컨대 생산공장을 해외로 옮길 경우 지금까지는 현지에서 현장 작업원을 모집하고 본국에서 출장온 생산 기술자를 장기간 체류케 하면서 시간을 두고 생산 프로세스를 안정시켜 갔다. 그러나 식스 시그마로 전개할 경우는 본국에서 모두 사전에 프로세스 디자인한 생산 시스템을 그대로 수출하여 턴키(turnkey)*로 조업에 들어갈 수 있다.

다음으로 '경영 전반을 대상으로 한다'는 점인데, QC 활동의 전제는 직장 단위의 개선 활동이 기업 전체에 공헌한다는 것이었다. 이러한 활동을 '부분 최적화'(部分最適化)라고 부른다면 사회 전체가 성장하는 시기에는 기본적으로 부분 최적화가 전사 최적화와 일치하였다. 즉 부문의 활동을 쌓아올리면 전사의 활동이 된다는 발상이다. 그러나 앞으로의 시대가 요구하는 것은 전사 레벨에서 가장 적합한 답을 얻기 위해서는 비효율적인 사업부문의 존속을 인정하지 않는, 즉 '전사 최적화'의 발상이다. 기업 전체를 보기 어려운 현 정세하에서는 우선 회사가 틀린 방향으로 나가지 않도록 하기 위해서 논리적인 목표가 필요하다. 다음으로 그 목표에 따라 설정된 기업 활동의 프로세스를 논리적으로 브레이크다운하지 않으면 안 된다. 식스 시그마 기법은 정신론으로 나가기 쉬운 목표의 브레이크다운을 논리적으로 실시해 준다. 식스 시그마 기법이 정착되면 경영 톱이 경영전략이나 사업전략만 결정하면 각 레벨의 목표가 정합성을 가지고 확립된다. 식스 시그마 기법으로 경영이 고도화된 기업의 경영 톱은 그 시간의 대부분을 중요 안건의 의사결정에 할애할 수 있기 때문에 보다 고도한 의사결정

턴키
키나 스위치 하나로 모든 시스템이 움직이는 장치. 그런 상태로 설비를 인도하는 플랜트 수출 계약 방식으로 오고 있다.

을 여유 있게 할 수 있다.

오늘날, 이른바 일본적 경영의 약점·결함만이 지적되고 있는데, 전후 극동의 일개 시내의 작은 공장으로 출발한 기업이 세계의 경영 모범이라고 극찬하던 것이 불과 수년 전의 일이다.

그러나 많은 구미 기업이 이러한 일본 기업의 모델을 자사에 가장

그림 33   식스 시그마 : 기존 기법과의 차이

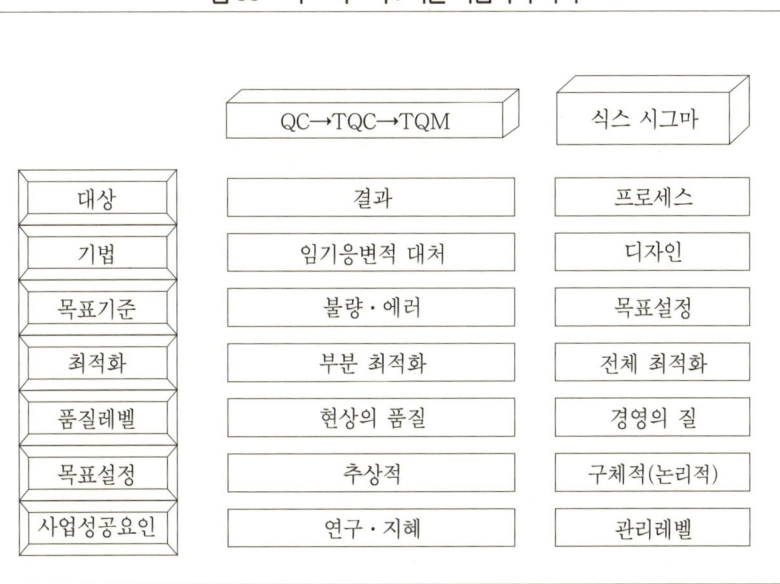

	QC→TQC→TQM	식스 시그마
대상	결과	프로세스
기법	임기응변적 대처	디자인
목표기준	불량·에러	목표설정
최적화	부분 최적화	전체 최적화
품질레벨	현상의 품질	경영의 질
목표설정	추상적	구체적(논리적)
사업성공요인	연구·지혜	관리레벨

적합한 형태로 착실히 흡수·소화한 것에 비해, 나쁜 전통도 포함된 기존형 경영을 충실히 답습한 일본 기업은 결과적으로 글로벌 스탠다드에 크게 뒤지고 말았다. 과거 일본 기업의 번영을 지탱하고, 현재에 구미의 톱 컴퍼니 경영의 인프라스트럭처가 되는 것이 QC이다. 선진적인 연구기관이나 비즈니스 스쿨에서도 식스 시그마 기법을 QC의 범주에 포함시켜 설명하는 경우가 많다.

우리들은 QC 활동을 부정하는 것은 아니다. QC 활동은 기업 활동에 중요한 인프라스트럭처로 자리잡고 있다. 구미 기업은 일본 기업 연구를 통하여 현재까지도 이 소집단활동* 도입을 진지하게 강구하고 있으며, 소집단활동에 따른 성과를 겨우 거두기 시작하고 있다. 그러나 QC 활동, 소집단활동은 기업의 성장에 필요한 하나의 프로세스에 불과하다는 것이 우리들의 생각이다. 저성장 시대인 오늘에 있어서 더 한층의 성장을 위해서는 식스 시그마 기법이 주는 해법이 필요하다.

소집단활동
직장 내의 과제를 해결하기 위해 조직된 비공식, 자주적인 소그룹. QC서클이라고도 한다. 개선 (改善) 활동을 지탱하는 최소 단위.

테일러의 '과학적 관리법'에서 배운 식스 시그마

프레더릭 W. 테일러가 '과학적 관리법'을 발표한 지 80년 이상이 지났다. 과학적 관리법은 기존 경험이나 직감력에 의존하던 오퍼레이션을 철저하게 분석·평가함으로써 생산현장의 비약적 효율화를 실현하였다. 그는 인간의 작업을 세분화하여 '능률적인 인간'의 작업 표준 모델을 만들었다. 우두머리가 '10분 걸린다'고 평가하는 작업을 과학적으로 분석하고, 논리적인 상세 기준을 세워 '5분 안에 할 수 있다'는 점을 증명하였다. '5분을 증명'하기 위하여 테일러는 작업 순서와 사용 도구까지 개발하였다. 이렇게 직감력이나 경험에 의지하던 '작업 시간' '목표설정 기준'을 과학화한 것이 표준 시간의 컨셉이다.

과학적 관리법의 주요 프로세스에 식스 시그마 기법을 적용시켜 보면 양쪽의 기본 컨셉이 매우 비슷한 것을 알 수 있다.(그림 34) 예컨대 '오퍼레이션'(과학적 관리법) 대신에 '업무 프로세스'(식스 시그마)를, '생산현장' 대신에 '경영현장'을, '작업표준모델' 대신에 '목표설정·평가모델'을 바꾸어 놓으면 딱 들어맞는다. 즉 생산현장에 특화된 개선을 지향하는 것이 과학적 관리법이고, 생산현장에 머물지 않고 경영전반까지 포함한 개선을 지향하는 것이 식스 시그마 기법이다. 과학적

그림 34   과학적 관리법과의 비교

		과학적 관리법	식스 시그마
완전동일 ◎	임팩트	혁신(그 시대의 상식에 도전)	
◎	기준지향	논리성 중시의 기준설정(기준경영)	
개념유사 ○	개혁대상	오퍼레이션	업무 프로세스
○	대상분야	생산현장(제조)	경영현장
○	모델	작업표준	목표설정·평가
○	기본기법	Get the fact	MAIC
전혀 다름 ×	최적화 범위	부분 최적화	전사 최적화
×	주요한 성과	코스트 삭감	목표실정·경영시스템

관리법이 작업자의 직감력에 도전한 데 비해 식스 시그마 기법은 부서장의 의향이나 정신론 등, '시대의 상식'이 정책결정에 개입하는 것을 배제한다. 두 기법이 뒷받침으로 사용하는 수치 처리법은 과학적 관리법에서는 '표준시간'인 데 비해 식스 시그마 기법에서는 '통계학'이다.

또 과학적 관리법이 부문 목표를 전제로 생각하는 데 비해, 식스 시그마 기법은 경영 방침에서 브레이크다운된 사업전략, 목표설정에서 관리까지 전반을 대상으로 한다. 따라서 업무 매뉴얼* 작업 절차서, 개별 규칙 타임테이블 등이 과학적 관리법의 주요한 아웃풋(out put)이며 생산 코스트의 삭감이 성과의 전부이다.

이에 비해 식스 시그마 기법은 비즈니스 프로세스의 설계, 부문 목표, 업적 평가 기준, 관리 기준 등 회사 전체적인 사업 운영에 관한 규칙이 아웃풋의 주체이다. 그리고 이 요인의 상위 개념이 기업의 가치 향상이다. 또 항상 회사 전체 목표의 틀을 인식하면서 식스 시그마 활동은 추진되지만 과학적 관리법에서는 생산현장이 개혁 대상의 전부이다.

새로운 사고방식이나 기법이 잇따라 등장하는데, 실제 현장에 있어서 중요한 것은 고전이냐 최신이냐가 아니다. 기본 컨셉이 옳으냐 그르냐가 논의의 중심이 되어야 한다.

업무 매뉴얼
업무 수행의 사고방식, 업무방식의 표준을 상세히 기술한 것. 매뉴얼대로 하는 것은 품질 서비스의 일정(최저)한 레벨을 보증하게 된다.

식스 시그마 기법이 매니지먼트 도구로 평가되는 포인트는 매니지먼트의 '과학화' 한계를 돌파할 수 있는 가능성을 내포하고 있기 때문이다. 대상부문의 차이를 별개로 한다면 부분 최적화를 중시하느냐 전사 최적화를 중시하느냐가 과학적 관리법과의 차이점이다.

'메이드 인 아메리카' 와 식스 시그마

    강력한 톱다운으로 시작된 식스 시그마 활동도 그 성장 과정이 제품 품질이나 생산 현장에서 출발하고 있기 때문에 기존의 일본 기업이 자랑으로 하는 '카이젠'적인 기법과 동일시되고 있는 부분이 많다. 이것이 서양의 기업가 중 일본적 경영을 완전히 습득한 사람이 의외로 적다는 것에서도 원인을 찾을 수 있다. 특히 구미인은 이해하기 어려운 무보수 잔업의 사업방식으로 성과를 올리고 있는 소집단활동이나, QC 활동 등은 아직도 이해되기 어려운 부분이다. 그런 면을 서양식으로 완성시킨 것이 식스 시그마 활동이라고 평가하는 경향도 많다.

    지금까지 구미 기업은 일본적 경영의 불투명성으로 효율적인 경영을 할 수 없었던 부분에서 우위에 서서 세계 시장을 석권해 왔기 때

MIT산업생산성위원회
86년 말 스론 휴렛 재단의 원조를 받아 매사추세츠 공과대학(MIT)이 '미국 산업 활동의 약점 유무, 원인, 대응책' 검토를 목적으로 발족시켰다.
메이드 인 아메리카
89년 MIT산업생산성위원회가 발표한 보고서. 멤버는 MIT 각 학부에서 선출되며 마크로적 관점에 편중하지 않고 구체적인 아웃풋이 지향되었다. 현재 미국 경쟁력 부활의 원천.

문에 일본적 경영 연구의 우선순위는 낮았다. 그러나 80년대 '메이드 인 재팬 제품'의 세계 시장 제패에 위기감을 느낀 구미 제국, 특히 미국은 MIT산업생산성위원회*가 간행한 조사보고 '메이드 인 아메리카'*에서 자기 나라 산업의 강점·약점을 냉정히 재점검하고, 당시 독주하던 일본의 산업을 철저하게 조사하였다.(그림 35) 미국 정부는 대학 및 연구기관을 동원하여 미국 산업 정체의 원인 규명, 재건책 구축을 위해 철저한 '일본 연구'를 실시하였다. 그 결과 '근본적 대책을 실시하면 일본을 추월할 수 있다'는 절대적인 자신을 얻었다. 그 결과가 오늘의 미국 산업 융성으로 이어지고 있다.

미국에서는 수치 평가, 전략의 표준화에 편중된 경영이 개별적 사업에서 산출되는 독자성이나 강점 등을 약화시켰다는 반성에서 '일본 연구', 즉 일본식 경영 연구가 갑자기 주목받게 되었다. 장래가 보장된 종신 고용, 성실히 근무만 하면 봉급이 오르는 연공서열, 노사교섭이 복잡하지 않은 기업 내 조합, 하청업자와의 철저한 기업 계열화, 호흡 맞추기, QC 활동으로 대표되는 보텀업형 경영 등, 일본식 경영의 다수가 기업에 대한 종업원의 로열티*를 전제로 한다. 마이켈 E. 포터*가 나라의 경쟁력 연구에 관한 성과를 발표한 것도 일본식 경영이 주목되고 있던 무렵이었다. 기업의 전략 수립을 중시하는 나머지 생산 현장 등에서의 종업원의 로열티 향상을 등한시하던 구미 기업은 한 단

로열티
기업이나 소속조직에 대한 충성심.
마이켈 E. 포터
하버드 비즈니스 스쿨 교수(전략적 경영). '미국 기업 전략의 시조'로 평가받고 있다. 대표적인 저서로는《경쟁 전략》·《경쟁 우위 전략》등이 있다.

그림 35　미국 : 경쟁력 분석의 추이

1985년 영리포트
'산업경쟁력에 관한 대통령자문위원회의 보고서'

1987년 레이건 대통령의 일반 교서
'미국 산업의 경쟁력 강화'

1989년 MIT산업생산성위원회의 연구보고
'메이드 인 아메리카'

1991년 경쟁력협의회 보고서
'산업기술 미국 재생의 열쇠'

 기본적으로는 '일본식 경영' 연구

1	설계·생산·판매 등의 분업체제가 아니라 제품마다 팀체제 확립
2	권한 위양과 사원 개인의 다능력화
3	정보를 공유하기 위한 정보시스템 정비

① 사원수 삭감

② 개발기간 단축

③ 가격경쟁력 향상

계 높은 성장을 위하여 일본식 경영에서 받아들여야 할 것을 발견하였다. 그리고 전후 일본이 구미 기업을 따라잡기 위하여 그들의 우위성을 흡수하려고 노력했던 것처럼 구미의 리딩 컴퍼니*는 일제히 시작하였다.

이와 같은 변화는 식스 시그마라는 경영기법 탄생에 공헌하였다. 그 중에서도 '메이드 인 아메리카'는 미국이 계속해서 글로벌 스탠다드*로 있기 위해서 그들이 이해하기 어렵지만 필요하다고 결론내린 일본적 경영을 거국적으로 흡수하려고 한 집념의 결실이다. '메이드 인 아메리카'라는 공유된 목표는 곧 성장의 원동력이 되었다. 공유된 목표의 존재가 경영의 큰 견인력으로 작용하는 것을 보여 주는 좋은 예이다. 식스 시그마 활동도 역시 '6σ'라는 목표를 회사 전체가 공유화한다는 점은 같다.

그러나 '메이드 인 아메리카'와의 결정적인 차이는 그 공유화된 목표가 수치를 가지고 더욱 구체적으로 제시된다는 점이다. 게다가 그 수치 목표는 사업 전체 또는 회사 전체에 6σ 목표가 설정되면 순조롭게 최일선에도 전개되기 때문에 개개의 현장에서 목표설정에 노력·시간을 할애하는 단계를 줄일 수 있다.

리딩 컴퍼니
선진적 기업. 규모의 대소나 업적의 좋고 나쁨에 한정하지 않고 그 경영전략이나 개별 사업 전개, 톱 매니지먼트 등이 해당 업계에 대해 큰 임팩트를 주는 기업.
글로벌 스탠다드
세계 표준, 세계 기준. 하드나 소프트의 방식에 머무르지 않고 연결결산방식 등으로 대표되는 경영구조에 관련되는 것도 포함한다. 각국/각 기업 모두가 자신의 기준·규격을 세계 기준으로 하기 위한 활동이 전개되고 있다.

PPM을 진화시킨 식스 시그마

식스 시그마 기법은 통계기법에 기초를 두기 때문에 수치 기준을 가지고 전략 수립을 하는데, 이 점은 고전적 경영기법인 PPM(프로덕트 포트폴리오 매니지먼트)*과 공통된다.(그림 36) PPM이 일본에 상륙하자 누구라도 인식이 가능한 수치에 의한 사업 판단, 평가의 중요성에 대한 인식이 침투되었다. 그 중에서도 PPM 매트릭스를 전개할 때 '2축의 기준을 정한다'. 즉 무엇을 평가 척도로 쓸 것인지를 명확히 한 것은 기준의 중요성 확립에 큰 의미가 있었다. 성장 시대에서 성숙기, 더 나아가 쇠퇴기로 사업의 라이프 사이클이 변화를 보이기 시작하자 성장기에 PPM 기법을 사업 확대를 위한 의사결정에 사용해 온 기업은 이번에는 PPM을 사업 선별을 위한 의사결정에 사용하

PPM(Product Porffolio Management)
보스턴 컨설팅 그룹이 제창한 사업 전략 수립 프레임 워크가 유명하다.

그림 36   PPM

○사업전략상 PPM은 오래 된 수법이지만 그의 컨셉은 전략 입안에 있어서는
  매우 유효하다.

시장성장율 ↑

인기 있는 존재   문제아

돈이 되는 나무   싸움에 진 개

← 상대적 마켓 세어 →

기본원칙

① 수익/수입은 마켓 세어에 의존
② 제품의 매출성장에는 자금이 필요
③ 마켓 세어의 증가에는 자금이 필요
④ 시장성장은 제품의 성숙화에 따라 슬로우 다운

게 되었다.

이 시점에서 리스트라는 바로 리스트럭처링*이며, 사업 구조의 근본적 변혁이 지향되었다. 그러나 확대냐 철수냐 어느 쪽의 의사결정도 재무적 시점에 따른 수치 평가만이 중시되고 있었다. 후에 비난을 받았지만, 거기에는 개별적 사업 특성이나 기업 문화 등 정성(定性)적인 요소가 들어갈 여지는 전혀 없었다. PPM의 목표설정은 어떤 의미에서 식스 시그마 기법과 마찬가지로 수치를 가지고 설정되었지만, 시장이나 고객의 시점이 존재하지 않는 오로지 재무 베이스의 희망적인 목표설정에 그치고 말았다.

PPM 상륙 당시 일본에서는 한결같이 '싸움에 진 개'(dog), '문제아'(Problem Child), '돈이 생기는 나무'(Cash Cow), '인기 있는 존재'(star)라는 이름짓기에만 흥미가 집중되었다. 그 결과 PPM은 현장과 사업 전략 스탭을 동떨어지게 하는 데 효과적이라는 아이러니한 평가만을 받았다.

다만 이러한 경향은 일본뿐만 아니라 당시 구미에서도 흔히 있었던 모양으로 '포트폴리오 플래닝 그 활용과 한계'라는 필립 하스페스랍의 논문이 일본에서는 《다이아몬드 하바드 비즈니스》지 1982년 6월호에 게재되어 화제가 되었다. 완전 무결한 경영모델, 경영기법은 존재하지 않으며 식스 시그마 기법도 예외는 아니다. 유감스럽지만 '만인

리스트라, 리스트럭처링
본래는 사업의 재구축을 의미하는데, 지금의 리스트라는 '합리화', '인원줄이기'의 대명사. 버블기의 리스트라는 다각화나 스크랩 앤드 빌드와 같은 말이었다.

에 듣는 약은 없다'. 이상 경영 이론이나 기법에는 전제 조건이나 한계가 있음을 바르게 인식하고 적극적으로 사용해야 한다. 실제로 우리들은 보스턴 컨설팅 그룹의 PPM 기본 모델을 '사업전략 구축 가이드'라고 명명하고 어느 기업군에서 전개했으며 소기의 성과를 올렸다고 자부하고 있다. 그러나 '인기 있는 존재', '싸움에 진 개'와 같은 말에만 춤을 추던 사람들 입장에서는 그 사업 성과가 실은 PPM의 사고방식에 따른 것이라고는 보기 어려웠을 것이다.

전사적 관점에서 개개 사업에 전략적 의미를 포함한 이름을 붙이고 복수의 사업을 컨트롤하겠다는 PPM의 시도는 수치 기준을 가진 사업 전개의 도구로 지금도 큰 의의를 가지고 있다. 이 사고방식을 더욱 더 강화한 것이 식스 시그마 기법이라고 할 수 있다. 6σ 기준에 따라서 개별 사업이나 개별 업무, 부문에 대해 구체적인 목표가 설정됨으로써 PPM에서는 이른바 '수치에 의거한 그룹핑(grouping)'으로 끝난 것이 논리적 수치 목표로 된 것이다.

제 3 장

도입 선진 기업에서 보는 식스 시그마

기업 가치의 형성을 지향하는 제너럴 일렉트릭

Part I '스트래티직 컴퍼니' GE의 식스 시그마 활동

'스트래티직 컴퍼니'——헤아리지 못할 정도의 많은 칭호로 사업 운영의 탁월성이 찬양되는 GE, 이 호칭이야말로 GE의 경영 스타일을 가장 잘 말해 준다. 지금까지도 GE가 제시하는 사업 목표나 채용하는 경영전략, 경영기법이 경영의 트랜드(trend)를 새롭게 만들어 왔다. 1981년에 잭 웰치가 CEO(Chief Executive Officer: 최고경영책임자)에 취임한 이래 그 경향은 특히 현저하게 나타난다. 베스트 프랙티스, 스트레치, 스피드…… 모두가 GE의 오리지날은 아니다. 다른 회사가 먼저 채용했던 이론이라도 평가가 일단 끝나 버리면 재빨리 자기 회사에서 활용할 수 있는 이론체계로 정리하여 경영의 정석으로 구축한다. 자사에 도입한 경영전략을 소중히 보존시키는 것이 아니라, 항상 경영목표에 비추어 시대에 맞지 않는 것은 보다 적합한 것으로 변화(GE 사내에서는 '진화'라고 함)시킨다. 이러한 자세가 전략적이다.

　GE에게 있어서 식스 시그마 활동도 그 예외는 아니다. 앞서 말한 바와 같이 식스 시그마 활동의 선구자는 모토롤라이며 TI나 ABB·

그림 37　베스트 프랙티스 대상 기업

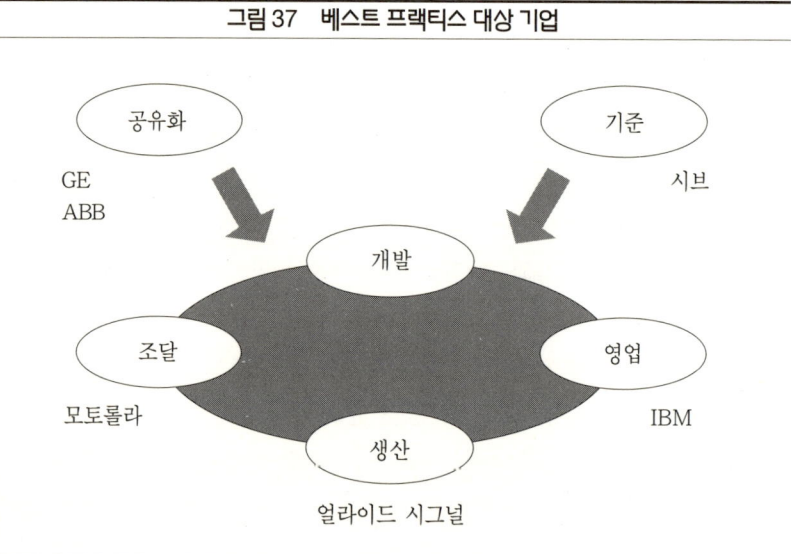

얼라이드 시그널 등이 GE보다 먼저 도입하였다. 그러나 식스 시그마가 각광을 받게 된 것은 'GE가 도입한 기법'이라는 점이 크다. GE에서 식스 시그마 활동이 시작된 시기는 1995년 10월이었는데, 1988년 이후에 시작한 베스트 프랙티스 활동 중에서 모토롤라, TI가 이미 전개하고 있던 식스 시그마 활동을 91년경부터 연구하고 있었다. 그리고 이듬해 92년에는 한정된 좁은 범위에서 식스 시그마 트라이얼(trial)도 실시하였다. 웰치 회장은, 사내 활동은 구체적인 성과가 나온 후에 발표하자는 성향을 갖고 있었던 모양이다. 5년에 걸쳐 식스 시그마 기법의 평가를 마치고 외부에도 발표할 수 있다는 확신을 얻은 96년 1년, 웰치 회장은 간부 4백 명이 모인 연두 모임에서 식스 시그마 활동의 회사 전체적인 전개를 정식으로 선언하였다. 그리고 같은 해 4월에는 그 결의를 소책자 '골드 앤 저니'에 정리하여 전체 사원에게 배포하였다.(그림 38)

이 이후 GE는 전략적 사업 단위(SBU)*마다 식스 시그마 활동을 본격적으로 추진하고 있다. 활동을 철저히 하는 의미로 '사업 보고는 식스 시그마 기법을 베이스'로 할 것을 요구하고 있다. 96년도의 연례보고서는 그 성과가 GE에서 어떻게 적용되었는지를 보여 주고 있다. 각 SBU는 경쟁적으로 식스 시그마 활동의 구체적인 성과나 예상되는 성과를 발표하고 있으며, 특히 식스 시그마 연수 수강 인원/시간, 수료자

SBU(Strategic Business Unit)
명확히 식별된 사명을 가지고 다른 사업과는 독립하여 계획 입안·경영 자원을 컨트롤할 수 있는 사업 단위를 말한다.

그림 38　GE의 식스 시그마 전개 프로세스

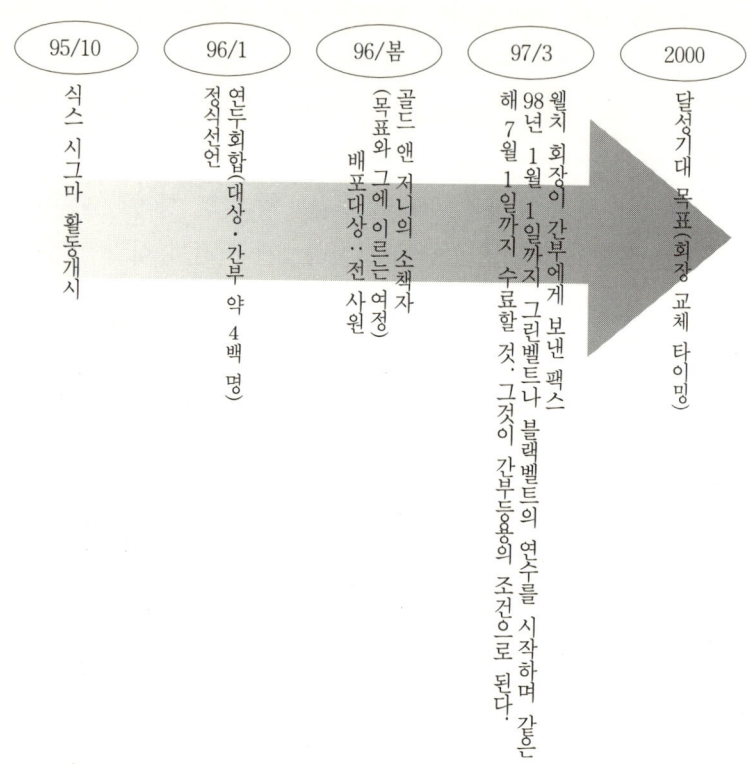

| 95/10 | 96/1 | 96/봄 | 97/3 | 2000 |

식스 시그마 활동개시

정식선언
연두회합(대상·간부 약 4백 명)

골드 앤 저니의 소책자
(목표와 그에 이르는 여정)
배포대상∶전사원

웰치 회장이 간부에게 보낸 팩스
"98년 1월 1일까지 그린벨트나 블랙벨트의 연수를 시작하며 같은 해 7월 1일까지 수료할 것. 그것이 간부등용의 조건으로 된다."

달성기대 목표(회장 교체 타이밍)

출처: 연례보고서, GE 주주용 자료

수, 완료/완료 예정/진행중인 식스 시그마 관련 프로젝트수(數)에 많은 페이지를 할애하고 있다.

개개의 SBU에 따라 진척에 차이는 있겠지만, 도입 후 2년이 경과한 97년 가을 시점에서 약 8천 명이 어떠한 형태든 식스 시그마의 전문가 연수를 마쳤으며, 같은 해 말에는 그 배에 가까운 1만 5천 명의 수료가 목표로 제시되었다. GE의 종업원은 전세계적으로 27만 명(98년 1월 시점)에 이르는데, 그 5.6%에 해당하는 1만 5천 명에게 소비되는

그림 39   GE : 식스 시그마의 장점

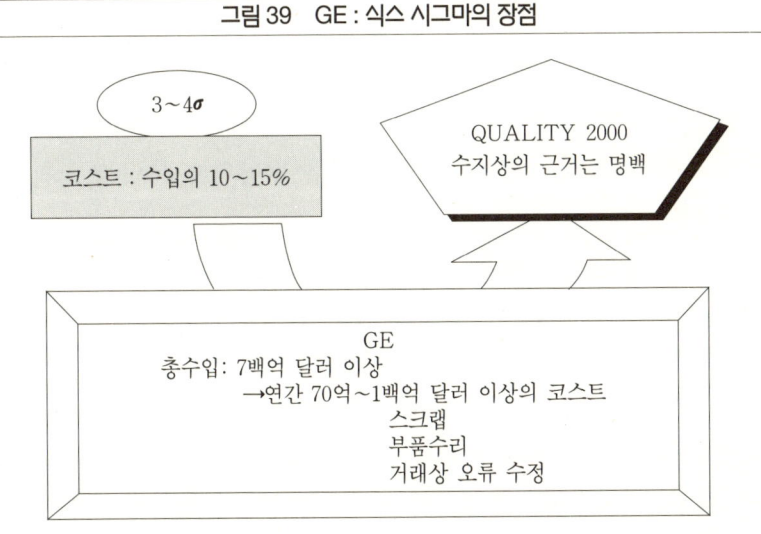

출처: 《닛케이 비즈니스》, GE 주주용 자료

자원(시간·돈 등)이 얼마나 막대한 것인가 상상하기 어렵지 않다.

　GE에서 식스 시그마 사내 연수에 집중적으로 박차를 가한 또 하나의 계기는 97년 3월에 웰치 회장이 간부에게 보낸 자필 서명이 든 팩스이다. 거기에는 '98년 1월 1일까지 그린벨트 또는 블랙벨트의 연수를 시작해서 같은 해 7월 1일까지 수료하는 것이 사원의 간부 등용 조건이다'라고 씌어 있었다. 즉 웰치 회장은 자신이, 또 GE가 식스 시그마 활동에 얼마나 열의를 가지고 있는지 기한부로 사원에게 제시했던 것이다.

　GE의 식스 시그마 활동 추진체제를 제시한 것이 그림 40이다. 여기에는 기본 컨셉을 자사의 방식으로 베스트 프랙티스, 즉 자사에 최대의 효과가 창출되는 형태로 기본 컨셉을 응용하는 노력을 도처에서 볼 수 있다.

　식스 시그마뿐만 아니라 GE 사내에서 무언가를 철저히 하기 위해서는 '견실한 톱'을 앉히는 것이 필요하다는 인식은 이미 '근본 원리'나 마찬가지다. 실제로 그 원리에 어긋남 없이 식스 시그마 활동에 보다 효과적으로 활동을 침투·전개시키기 위한 인적 배려가 이루어지고 있다. 예컨대 GE에서는 식스 시그마 활동의 시작을 이 활동을 지도할 핵심인력의 선출·훈련·배치에서 출발한다. 최초로 선정한 것은 '챔피언'이었다. 챔피언은 식스 시그마 활동을 전임으로 하지는 않지

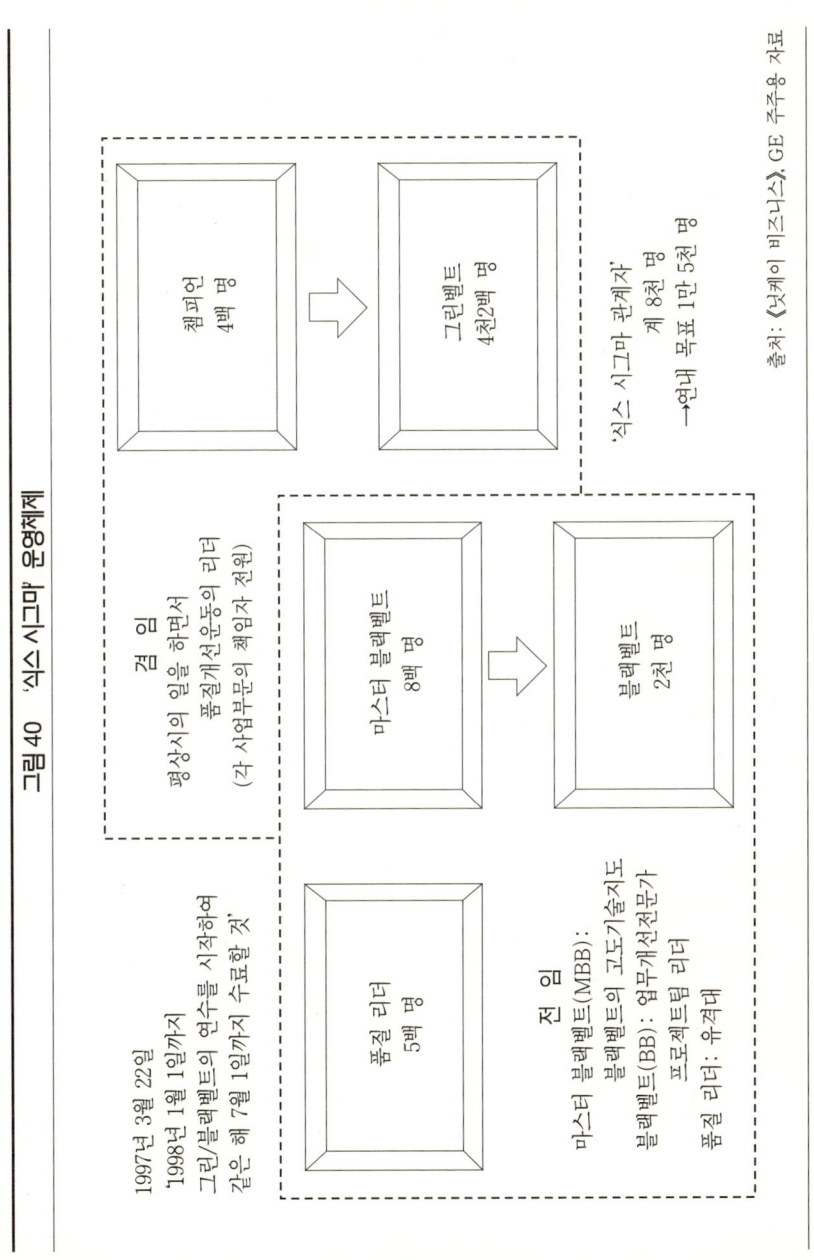

그림 40 '식스 시그마' 운영체제

챔피언
4백 명

그린벨트
4천2백 명

'식스 시그마 관계자'
계 8천 명
→연내 목표 1만 5천 명

출처: 《닛케이 비즈니스》, GE 주주용 자료

겸 임
평상시의 일을 하면서
품질개선운동의 리더
(각 사업부문의 책임자 전원)

마스터 블랙벨트
8백 명

블랙벨트
2천 명

1997년 3월 22일
'1998년 1월 1일까지
그린/블랙벨트의 연수를 시작하여
같은 해 7월 1일까지 수료할 것'

품질 리더
5백 명

전 임
마스터 블랙벨트(MBB):
블랙벨트의 고도기술지도
블랙벨트(BB): 업무개선전문가
프로젝트팀 리더
품질 리더: 유격대

만 활동 대상이 되는 프로젝트를 결정하는 상급 경영자로서 위치를 부여받는다. 이것도 식스 시그마가 톱다운형 전개 기법이라는 특징이고, '무엇이 문제인가'의 규명을 현장에 의존하는 QC 등과는 크게 다른 점이다. 챔피언 교육에는 2개월이 소요된다. 또 챔피언 자격의 취득자는 현장검증을 받은 후 추가 교육도 받게 된다. 그때 각 사업부문의 책임자인 그들이 구성원에게 품질 의식 향상의 동기부여를 계속하고 있는지를 평가한다.

챔피언과 마찬가지로 겸임자가 역할을 맡는 그린벨트는 식스 시그마 활동의 리더적 존재이다. 나중에 나오는 블랙벨트가 상급인 데 비하여 중급의 위치이며 그 교육에는 (연) 15일 정도가 할애된다.

풀 타임으로 식스 시그마 활동에 종사하는 블랙벨트는 경영 품질개선의 전문가이고 품질 담당자로서 식스 시그마의 개별적 프로젝트를 이끌고 가는 핵심 리더이다. 중요한 프로세스를 주시하여 프로젝트의 성과를 챔피언에게 직접 보고하는 역할도 가지고 있다. 그들에게는 4주간의 교육을 포함해 모두 4개월이나 되는 연수 프로그램이 있다. 연수 후에는 개개의 비즈니스부문에 각자 독특한 접근으로 프로젝트 활동에 종사한다. 방식의 차이는 있으나 공통적으로 지향하는 것은 '두 번 다시 같은 오류를 범하지 않기 위한 방법론을 만들어 간다'(파올로 프레스코 부회장, 《닛케이 비즈니스》 1996년 11월 18일자)는 것이다.

　또 GE에는 '마스터 블랙벨트'라는 블랙벨트에게 고도의 기술 지도를 하는 자격을 두고 있다. 그들도 블랙벨트와 마찬가지로 전임이다. 마스터 블랙벨트는 지도자의 위치를 가지고, 교육·지도하는 능력과 더불어 매우 높은 레벨의 통계적 지식이 있어야 한다.

　GE는 그 위에 '품질 리더'라는, 사내의 각 프로젝트를 횡적으로 매니지먼트하면서 순회하는 멤버도 갖추고 있다. 이와 같이 제3자적 입장·권한을 갖춘 자격을 거느린 점은 GE의 기존에 배양되어 온 경영 강점의 하나이다. 그 중에서도 으뜸 가는 구조의 하나이며, 지금은 타사로부터 베스트 프랙티스 대상으로 간주되는 '코포레이트 오디트 스탭'(Corporate Audit Staff=CAS)은 GE 내에서 품질 리더 이상으로 견고한 입지를 보장받으며, 미션의 하나로서 식스 시그마 활동의 침투, 효과적인 전개를 담당하고 있다. CAS는 파이넌스 관점을 중심으로 인터내셔널 컨설팅을 전개하는 '본사 스탭'이다. 조직적으로는 GE의 CFO(최고재무책임자)를 톱으로 하고 있는데, 기본적으로는 웰치 회장의 사상을 GE 전체에 침투·반영시키고 성과를 파이넌스적으로 평가하는 것이 주요 미션이다. 이 때문에 파이넌스 관련 업무가 전체의 60% 정도를 차지하며, 나머지 40%의 시간을 활용하여 파이넌스

분야에 한정되지 않는 각종 컨설팅 활동을 한다. 20대 후반에서 30대 전반이라는 대단히 구성원이 젊은 CAS는 3~5명 정도의 프로젝트팀을 형성하여 각 SBU의 개별 현장까지 들어가 사업 실태의 '감사'를 실시한다. 식스 시그마뿐만 아니라 그들이 수행하는 하나의 프로젝트 기간은 4개월로 설정되어 있고, 연 3회의 아웃풋이 요구되는 질(質)·양(量) 모두 대단히 타이트한 업무 내용으로 되어 있다. 그렇지만 GE 사내에서도 '관리에로의 등용문'으로 알려진 초엘리트 코스이며, 무엇보다도 웰치 회장의 '회검'〔비밀 계획에 참여하는 지혜가 많은 사람〕이라는 조직적 위치가 그들을 항상 자극한다. GE의 독자적인 CAS를 위한 트레이닝 프로그램을 수료하면서 이른바 제3자적 입장을 가지고 GE 전체, 온 세계의 현장을 뛰어다니고 있는 그들에게 문제의 사실과 현상이나 불리한 수치·과제를 숨기는 것은 엄격히 금지된다. 개개의 현장에서 조사·분석을 실시하고 과제인 테마에 관해 CAS는 비즈니스 프로세스의 개선 등을 포함한 비즈니스 계획을 작성하여 책임자에게 제언한다. 이 제언의 채용 여부는 기본적으로 해당 책임자의 권한 범위인데, 그 제언에 의거하여 개혁을 실시해서 성과를 올렸을 경우 높히 평가되는 장치도 GE 내에 이미 만들어져 있다. CAS의 직무 중에는 식스 시그마의 활동 추진도 포함되고 있고, 각 SUB에서의 식스 시그마 전개를 강력히 서포트한다. GE의 식스 시그마 활동의 각 포스트나 CAS 등은 오퍼레이션 난이도가 높은 매트릭스 조직*의 기능을

매트릭스 조직
일정한 사업 목표에 대하여 두 개의 다른 미션을 가진 책임자가 존재하는 형태의 조직구조. 예컨대 사업 책임자와 지역 책임자가 병립하는 조직.

기존의 조직에서 실현하기 위한 것이라는 견해도 가능하다. 게다가 식스 시그마 활동 중에는 두 개의 매트릭스(챔피언/그린벨트 대 블랙벨트, 자격 보유자 대 통상 업무 수행자) 이외에도 사업 전체 대 CAS라는 식의 더욱 복잡한 매트릭스 구조가 효율적으로 전개되고 있다.

교육에는 각 자격에 따라 기간·내용 등이 다른 프로그램이 있는데, 모두 상상 이상으로 습득이 어려운 내용으로 구성되어 있다. 식스 시그마 활동에서 교육·연수는 사업 성공의 중요한 요인이다. 따라서 교육·연수 프로그램의 품질을 유지·균등화하는 것도 중요한 테마이다. 이런 점에서 GE는 두꺼운 교육 매뉴얼이 준비되어 있다. 일반적으로 '두꺼운 매뉴얼'은 활용되지 않는 것이 많지만 GE에서는 매뉴얼이라기보다 바이블로서 이것을 활용하고 있는 것 같다.

블랙벨트, 마스터 블랙벨트, 품질 리더 자격자가 식스 시그마의 전문가 연수 수료자 8천 명 가운데 절반 가까이된다. 또 2만 명에 이르는 엔지니어에게 식스 시그마 교육을 시작하고 있으며 앞으로는 신제품, 신서비스의 개발에도 6σ 기준에 준한 설계가 이루어진다. 이러한 점에서 알 수 있는 것은 일련의 활동이 형식적·표면적인 것이 아니라, 사업부문의 톱 자신이 선도하며 전사적으로 프로젝트를 이해하고 추진해야 하는 것, 또 식스 시그마 활동에서의 '개선'은 경영 전체가 대상이라는 것이다. 개개의 활동을 활성화하기 위하여 GE는 경영 간부의 보너스 40%를 품질 개선의 실적에 따라 지급한다. 또 이 점에서 평가를 얻지 못하는 리더는 GE에 적합하지 않은 인재라고 연례보고서는 단언하고 있다. GE의 연간 퇴직률은 전체 사원의 5% 정도인데, 사원의 5%가 퇴직하는 것이 나머지 95%의 모럴 유지에 필요하다는 인식도 있는 모양이다. 따라서 통상 업무의 지장이 우려될 만큼 엄격한 교육이나, 목표달성도를 가리키는 수치에는 나타나지 않는 사업에 대한 공헌도를 거두어들이기 위한 360도 평가에 따른 인사 고과 등, 각종 시책을 세우고 있다.

  현재 회사 전체를 총동원하여 전개하고 있는 식스 시그마 활동은 '모든 작업의 방식을 규율하는 것'으로서 자리매김하고 그것을 실현하기 위한 체제를 갖추었다. 이러한 만전의 체제하에서 GE 회사 전체의 식스 시그마 관련 프로젝트의 총수는 1995년 200에서 출발한 것이 96년에는 3000이 되고, 97년에는 6000에 달할 것으로 예상된다. 또 GE는 식스 시그마 활동에 대해 96년에 2억 달러를 투입하여 같은 액수의 코스트 절감 효과를 얻었다. 그리고 또 97년에는 3억 달러의 추가투자를 실시하여 4~5억 달러의 절감 효과(1~2억 달러의 이익)를 예상하고 있다.

  GE에서의 식스 시그마 활동 전개의 목적은 단순히 '6σ 기준의 달성'에 머무르지 않는다. GE에서는 회사 내에서 전개되는 활동 전체에 대해서 기본적으로는 재무적인 성과를 지향하고 있다. 식스 시그마 활동도 재무 체질 향상에 필요한 품질 추구의 일환이라고 할 수 있다. GE의 식스 시그마 활동은 고객 만족(Customer Satisfaction), 열악한 품질이 초래하는 코스트(Cost of Poor Quality), 공급자의 품질 (Supplier Quality), 사내의 성과(Internal Performance), 조립성을 위한 설계(Design for Manufacturability) 등의 향상을 활동 목표에 포함하고 있다. 그 목표를 앞으로 어떠한 구체적인 목표로 브레이크다운 하여 GE로서의 사업성과, 즉 재무적 평가로 거두어들이느냐가 앞으로 그들이 당면할 테마 가운데 하나이기도 하다. 다만 GE에서는 이익은 일련의 프로젝트가 성공하면 반드시 따라올 것으로 확신하고 있으며 식스 시그마 활동도 우선은 '사원의 마음에 품질을 심어 주는 것이다'(웰치 회장, 《닛케이 비즈니스》 1996년 11월 18일자)라고 생각하고 있다. 그러한 의미에서는 품질의 향상, 식스 시그마 활동 도입, 6σ 기준의 실현, 프로세스 개선 등은 GE에게 있어 어디까지나 재무 체질 개선을 위한 하나의 수단이지 절대로 목적 그 자체는 아니다. 이것은 83년 이후 목표가 된 '모든 사업에서 1,2위를 지향한다'는 것이 이미 실현되었고, 그것을 대신한 새로운 명제로서 '두 자리수의 성장'(Double Digit Growth)이 설정된 것을 보아도 알 수 있다.

따라서 식스 시그마 활동에서도 각 사업의 고객 반응에 따라 개개의 목표는 '3σ', '4σ', '5σ'로 여유 있게 설정된다. 식스 시그마 활동에서는 CTQ가 활동의 출발점으로 자리매김되고 있는데, 그 시점을 GE식으로 구성하여 구체적인 목표설정 장면에서 활용하고 있다고 평가할 수 있을 것이다. 이렇게 말하는 것도 기존부터 '설정해서 의미가 없는 목표는 목표가 아니다'라는 인식이 사내에서 공유되어 있으며 단순한 경영 코스트의 삭감, 과도한 품질 향상/고객 만족은 지향하지 않는 것이다. 이것은 식스 시그마 기법을 도입할 때 반드시 유의해야 할 주의점이다. 수단과 목적을 혼동하면 본래 그 활동에서 기대되는 효과를 얻지 못하게 된다.

Part II GE의 개별사업부문에서 전개되는 식스 시그마 활동

GE의 식스 시그마 활동은 기존의 개선활동에서 보여지는 '제품을 개선함으로써 완벽을 기하는 패러다임'에서 벗어나 '프로세스를 개선함으로써 완벽이나 거기에 가까운 상태를 지향한다'는 데 주안을 두고 있다. 요컨대 현상에만 주목하여 그것을 하나씩 수정해 나가는 것이 아니라 그것을 낳은 원인과 프로세스의 개선을 프로젝트의 주제로 삼는 것이다. 따라서 개선대상은 제품 자체의 좋고 나쁨이 아니라 고객의 불만족, 저효율, 사업기회의 손실 등 '품질'과 관련된 모든 결함과 문제점이다.

웰치 회장이 '전종업원의 참가로 회사가 하나되어 도전하는 열정이 GE의 사풍'(96년도 연례보고서)이라고 말하였듯이, GE에서는 이미 식스 시그마가 경영기법을 뛰어넘어 일종의 기업풍토로까지 정착한 느낌이다.

96년도 연례보고서에는 12개의 SBU 가운데 NBC(방송사업)와 정보서비스 사업에서는 식스 시그마 활동에 관련된 기술이 보이지 않았다. 하지만 GE는 전종업원을 대상으로 식스 시그마 교육을 하겠다고 표명했기 때문에 진척단계에 차이는 있을지라도 그곳에서도 분명히 활동에 착수했을 것이다.(그림 41) 그러므로 이들 사업에 관한 정보가 없다고 해서 식스 시그마가 생산현장만을 위한 활동이라고 받아들이는 것은 잘못이다. GE는 이미 비생산현장에도 식스 시그마 기법을 도입하였다. 일본 GE에 따르면 1997년 6월 현재 일본에서 진행하고 있는 2백 개 정도의 프로젝트 가운데 절반 정도가 서비스·세일즈 등 비제조에 관련된 주제라고 한다. 또 일본에 있는 실리콘, 플라스틱, 메디컬시스템 등 3개 사업분야의 공장에서는 시간축의 중요성을 기준으로 단축목표를 설정하여 프로세스 맵을 구축하고 있다.

96년도 각 SBU에서 식스 시그마 활동상황을 나타낸 것이 그림 42

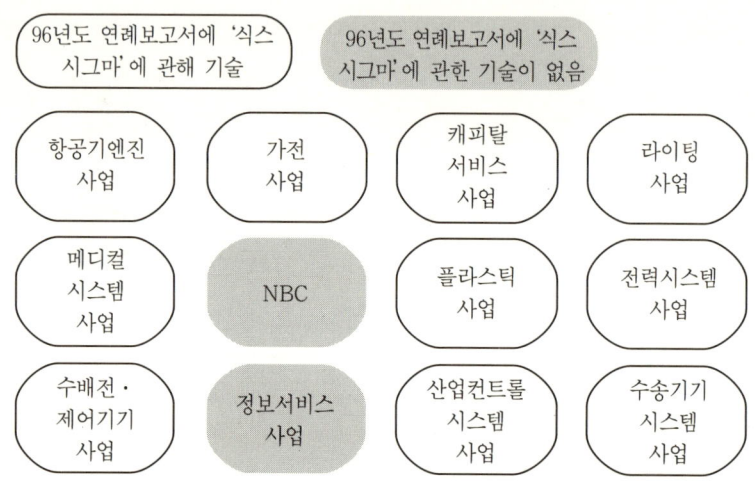

그림 41 GE : 12개 SBU

96년도 연례보고서에 '식스 시그마'에 관해 기술

96년도 연례보고서에 '식스 시그마'에 관한 기술이 없음

항공기엔진 사업	가전 사업	캐피탈 서비스 사업	라이팅 사업
메디컬 시스템 사업	NBC	플라스틱 사업	전력시스템 사업
수배전·제어기기 사업	정보서비스 사업	산업컨트롤 시스템 사업	수송기기 시스템 사업

출처: GE 96년도 연례보고서

이다. 아마 97년도 보고서에는 더 화려한 활동성과가 기록될 것이다. 97년도 제2사분기, 제3사분기 분기보고서에도 호조를 띠고 있는 사업실적과 함께 '(이러한) 호조의 근원은 식스 시그마 활동이다' 라는 표현이 보인다. 또 GE의 개별사업 사례나 웰치 회장을 비롯한 각 SBU 간부의 인터뷰 기사 등에도 반드시라고 할 만큼 식스 시그마가 키워드로 등장한다. 곧 식스 시그마가 이들의 '공약'인 '두 자리수 성장'

그림 42 GE의 사업별 식스 시그마 활동 현황

사업부	연수 수강 (수료자 포함)	실시 프로젝트수	96년도 식스 시그마 투자	97년도 투자예정	성과 및 식스 시그마 대상분야·위치 등
항공기엔진	1천 명 이상	200(완료)			· 성장성, 생산성면에서 5천5백~7천만 달러에 상당하는 효과 · 2000년에 6σ를 달성하면 5억 달러의 이익
가전	5백40명	550 (97년도 완료)			· 식스 시그마마는 GE 브랜드의 유지, 생산성 향상의 토대
캐피탈 서비스	30만 시간 완료 560(그 중 57개 완료) (21개국 15개 언어)		8천8백만 달러	1억 5천3백만 달러	· 고객거래의 유지, 에러건수의 감소 · 97년도 중에 1억 5천만 달러 상당의 절감 효과
라이팅	2백 명이 풀타임으로 고객 서비스/공정개선 작업에 전념			적극 투자	· 사업과 고객 양쪽에 5천만 달러 상당의 이익 · 대금 청구 절차개선, 서비스 수준 향상 등
메디컬 시스템	1만 명	73(완료) 950(97년도 완료)			· 97년도 4백만 달러 가까운 절감효과 달성 · 조직 전체에 식스 시그마를 신속히 설치
NBC					
플라스틱	세계 각지에서 수백 명이 프로젝트에 참가				· 공급자의 품질에 관련된 부분에서 제조공정, 제품/고객거래의 품질개선까지 포함
전력시스템	3백 명 6만 2천 시간	261(완료) 2000(예정)	96~97년도에 9천만 달러	9천만 달러	· 생산성 향상 효과 7천만 달러 상당 · 앞으로 4년간 10억 달러의 누적절감 효과 실현 · 고객조사 실현
수배전·제어기기					
정보서비스					
산업컨트롤 시스템	전원이 교육·연수·발전에 노력		투자가 훌륭한 성과로	투자 대 효과 목표설정	· 97년도 품질개선 투자에 대해 3대 1의 비율로 이익을 실현
수송기기 시스템	70명	450	96~97년도에 2억 4천5백만 달러		· 97년도 중에 3천만 달러 상당의 절감효과 · 같은 연도 말에 종업원의 75% 이상이 연수 완료

출처: GE 96년도 연례보고서

의 성공요인이라는 것이다. 월가의 경제분석가와 주주(GE의 경우 커다란 영향력을 가진 주주로서 종업원이 포함된다)들은 이러한 점에도 귀를 곤두세우고 있다.

1 ● 항공기엔진 사업

GE는 세계 최대급의 군수용·상용 제트엔진 제조업체이다. 이 분야의 주요 고객은 항공회사, 여객기 전세회사와 각국의 군대 등이다. GE는 항공기용 엔진으로 닦은 기술을 살려 선박용 엔진과 산업용 엔진 분야에서도 성공을 거두고 있다. GE와 프랑스 스네크마(Snecma)의 조인트 벤처사업인 CFM 인터내셔널은 중형 상용 엔진으로 세계에서 손꼽히는 회사이다.

GE의 항공기엔진부문에서는 이미 전세계의 현장에서 식스 시그마 활동이 '눈에 보이는' 성과를 거두고 있는 단계라고 한다. 실제로 엔진 서비스 업무는 95, 96년도 모두 두 자리 성장을 실현하였다. 1천 명 이상이 프로젝트의 리더 연수, 또는 식스 시그마 활동을 동료와 직장에 더 널리 보급시키기 위한 연수를 받고 있다. 또 이미 연수를 마친 1백40명이 리더가 되어 96년도에 2백 개의 프로젝트를 완수하였다. 당시에 벌써 5천5백만~7천만 달러에 맞먹는 효과를 기대했는데, 그것이 2000년에 이르면 무려 5억 달러의 이익을 낳을 것으로 추정된다.

다만 이러한 실적을 달성하려면 그 사업부의 제품과 공정에 6σ를 실현해야 한다는 것이 조건이다.

2● 가전 사업

　가전 사업은 GE의 가장 전통적인 사업 가운데 하나이다. 가전에서 GE 브랜드는 몇십 년 전에는 미국의 풍요를 상징하는 것이었고 지금은 품질을 보증하는 표시이기도 하다. 가전 사업에서는 식스 시그마 활동을 'GE 브랜드의 평판을 유지하고 생산성을 재고하는 토대'로서 위치를 부여하고 있다. 성숙산업화, 재료비 인상의 장기화 등 마이너스적인 외부환경에 대처하려면 생산성 향상이 필수적인 과제이다. 5백 50개 프로젝트가 완료되는 97년도가 되면 활동의 성과도 구체적으로 드러날 것이다.

　GE에서 가전 사업을 담당하는 곳은 GE 어플라이언스(GEA)사이다. GE는 모두 12개 사업부문에 합계 약 1만 명의 과학자를 거느리고 있다. GEA는 그들의 두뇌를 자사가 담당하는 가전영역에 활용할 수 있으며, 그밖에 연간예산 2억 5천만 달러를 자랑하는 R&D센터의 자원에도 활용할 수 있다. 기술입국 GE의 최대의 자산은 이러한 첨단기술 사업부문끼리의 공유에 따른 시너지이다. 최근의 시너지 사례 (boundaryless 사례)를 보면 GE의 4개 사업부문이 공동으로 'GE 프로필'이라는 브랜드의 세탁기를 일정에 맞게 발표하는 데 이바지하였다고 한다. 이 프로젝트에서 항공기엔진부문은 신형 서스펜션의 설계에 관여했고, 전력시스템부문은 기어 설계 때문에 발생한 노이즈를 낮추는 데 도움을 주었으며, 수배전·제어기기부문은 설계상의 결함에 대한 해결책을 제시하고, 산업컨트롤시스템부문은 소음이 적은 뛰어난 모터를 개발할 수 있게 도왔다.

  GE 그룹 전체에 걸쳐 엔지니어링, 제조, 마케팅, 판매, 유통, 고객 서비스 기능 등을 통합하여 설계뿐 아니라 업무처리의 정밀도를 향상시키는 프로세스가 식스 시그마 활동이다. GEA에서는 고객을 제품설계의 최전선에 두고 그들의 욕구를 최대한 반영하려고 한다. '등 뒤의 고객'(Consumer Back)이라는 프로세스에서는 제품 개발자에게 언제나 고객의 요구와 엄격한 품질수준을 의식하라고 요구한다. 품질수준은 현실적인 허용오차 이내여야 한다. 처음 식스 시그마 활동에 참가했을 때 GEA의 수뇌부는 미국 기업의 다수가 $2.5\sigma \sim 3\sigma$의 수준에 있으며 자사도 그 가운데 하나라고 생각하였다. 하루 아침에 6σ에 도달할 수는 없지만 활동은 순조롭게 진전되고 있다. 지금은 GEA에서 모든 기술자들이 식스 시그마 교육을 받았고, 모든 신제품 설계에 6σ라는 목표를 부과하고 있다. 덕분에 이 회사의 품질개선 활동은 눈에 띄게 진척되어 3σ를 넘기에 이르렀다.

물론 식스 시그마 활동만이 GE 브랜드 가전제품이 높은 평가를 받는 데 이바지한 것은 아니다. NPI(New Production Introduction) 프로세스라 부르는 GEA의 독자적인 프로세스도 설계부문과 생산부문이 공동작업을 강화하여 고객의 소리를 제품개발에 반영함으로써 GE 브랜드의 평판을 높이는 데 기여하였다. 또 GEA의 개발팀은 일본의 신칸센에서 힌트를 얻었다는 요코가와전기(横河電氣)의 '신칸센사고'(新幹線思考)*라는 제품개발사상을 받아들여, 이전에는 불가능하다고 생각했던 수준을 스트레치 목표로 설정하려 하고 있다.

3◉ 캐피탈서비스 사업

GE의 금융사업 분야를 담당하는 것이 GE 캐피탈서비스이다. 이 SBU에서는 설비운영관리서비스, 특수보험, 대(對)소비자 서비스 등 5개 분야 외에 20개 이상의 자칭 '틈새' 사업을 펼치고 있다. 이 모든 사업이 서비스와 관련 있으며 또 모두에 식스 시그마 기법을 적용하고 있다. 연례보고서에는 '품질은 우리 사업의 모든 활동의 토대가 되는 중요한 요소'라고 나와 있는데, 여기서 말하는 품질이란 서비스의 질을 가리킨다. 따라서 '품질개선'이라고 말할 때에는 거래고객 유지, 각종 에러건수 감소 등에 주목하는 것이다. GE 캐피탈의 사례는 이미 많이 소개되었는데, 여기에는 품질 리더(Quality Learder. 75명), 마스터 블랙벨트(Master Blackbelt. 1백35명), 블랙벨트(Blackbelt. 5백50

신칸센사고
스트레치 목표의 설정과 관련하여 틀에 치중하는 사고방식과 기존의 성능예측을 타파하려는 사고방식. GE의 일본 파트너인 요코가와전기의 CEO가 붙인 이름이다. 당시 일본 국철은 신칸센의 속도를 안전하고 쾌적하게 유지하기 위해 과감하게 '건널목'을 완전 폐지하였다. 이렇게 '목적 실현을 최우선으로 환경조건을 정비'하는 것이 신칸센사고이다.

명)를 취득한 사람도 많다. 앞으로 이를 더욱 확대시키기 위해 15개 언어까지 구사할 수 있는 교육체제를 완성했으며 연수도 이미 실시하고 있다. 그에 대한 투자액도 96년도에는 8천8백만 달러였고, 97년도에는 그 배에 가까운 1억 5천3백만 달러가 계획되어 있으며, 같은 연도 중에 1억 5천만 달러 상당의 절감효과를 전망하고 있다.

GE 캐피탈은 총자산 27조 3천억 엔, 순이익 3천3백60억 엔으로 GE 그룹 전체 이익의 40% 가까운 이익을 내고 있으며 전세계에 5만 명 이상의 종업원을 거느린 세계 최대 최강의 수익력을 갖춘 금융 서비스 회사이다. GE 캐피탈은 GE가 식스 시그마 기법을 도입하기로 결정했을 때에도 중요한 역할을 하였다. GE 캐피탈에서 품질담당 책임자를 지낸 부사장 패트릭 씨는 예전에 ABB에 근무한 적이 있었는데, 당시 식스 시그마 기법의 위력을 직접 목격하였다. 그래서 그녀는 자사에 식스 시그마를 도입할 때 이미 표준화된 식스 시그마 기법을 그대로 받아들이지 않고 독자적인 마스터 블랙벨트용 훈련 프로그램을 만들었다. 일본뿐 아니라 전반적으로 금융 분야에서는 '개선'이라는 관점에서 현장을 개혁하는 경우가 극단적으로 적기 때문에 활용할 수 있는 개선 프로그램도 그다지 많지 않다. 하지만 그녀는 기술분야 출신이면서도 ABB에서 쌓은 경험을 유감 없이 발휘하여 착실히 성과를 올리고 있다. 현재 지도자 연수는 순조롭게 진행되고 있으며 현장 종업원 교육에도 들어간 상태이다. 금융 서비스에서 고객과 만나는 것은 사실 창구업무보다 전화응대가 압도적으로 많다. 패트릭 부사장은 이 점에 주목하여 전화응대 기록을 남기기 위해 체크시트를 만들었고 또 그 결과를 통계적으로 분석하는 도구까지 독자적으로 구축하였다.

이러한 지도자 양성, 독자의 도구 정비라는 과정을 거쳐 식스 시그마 활동은 착실히 성과를 올리기 시작하였다. 예를 들어 미국에 있는 주택저당 대출부문에 걸려오는 고객의 문의전화는 연간 30만 건이나 된다. 하지만 그 가운데 7만 건 이상이 '통화중'으로 끝나 신규계약 기회를 놓치고 있었다. 사실 어떤 회사가 현재 이익을 올리고 있다면 문의가 상담으로 이어질지 어떨지 알 수 없으므로 '통화중'인 것을 기회손실이라고 인식하기란 어려운 일일지 모른다. 그러나 GE 캐피탈에서는 이것을 식스 시그마 기법의 관점에서 '신규계약 기회의 손실=프로세스의 결함'으로 파악해, 프로젝트팀이 업무의 흐름, 인원·기계배치를 철저히 재검토하였고, 그 결과 7만 건의 '통화중'을 3천 건으로 줄이는 데 성공하였다. 물론 프로젝트는 이것으로 끝난 것이 아니라 현재의 3천 건을 제로에 가까운 6σ 수준(1건)으로 끌어올릴 때까지 계속된다.(그림 43)

식스 시그마 활동은 이미 일본에도 상륙하였다. 예를 들어 매달 자

그림 43   식스 시그마의 적용 사례

(텔레폰센터의 개혁(GE: 미국 주택저당 대출부문))

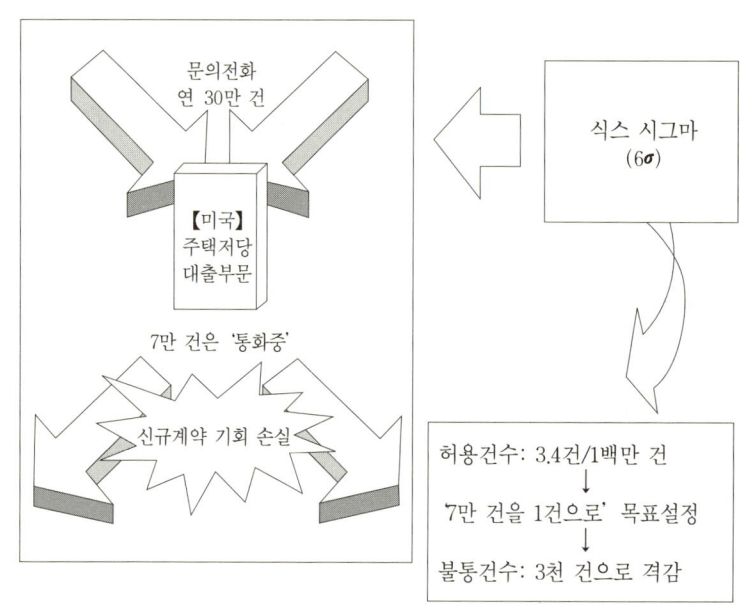

- 문의전화 연 30만 건
- 【미국】 주택저당 대출부문
- 7만 건은 '통화중'
- 신규계약 기회 손실
- 식스 시그마 (6σ)
- 허용건수: 3.4건/1백만 건
- '7만 건을 1건으로' 목표설정
- 불통건수: 3천 건으로 격감

출처: 《주간 다이아몬드》 97년 11월 8일자

동납부되는 신용카드 이용대금이 6만 건 가까이 잔액 부족으로 회수되지 않고 있었고, 전화·엽서 등을 통해 재청구해도 기대만큼 회수율은 향상되지 않았다. 그래서 회수율 향상과 회수에 들어가는 막대한 사무처리 단계의 경감을 목표로 식스 시그마 활동을 도입하였다. 이렇게 해서 1996년 말에 톱다운으로 만들어진 11명의 프로젝트팀은 이미 다음과 같은 성과를 거두고 있다.(그림 44)

● 신용카드 이용대금을 편의점에서 수납(97년 8월)
→한 달 뒤인 9월에는 전체 입금액의 40% 가량이 편의점을 통해 들어올 만큼 편의점 이용률이 높았고, 이에 따라 회수율은 85%(추정) 수준까지 개선되었다.
● 편의점 수납 이외에 사무처리의 아웃소싱
→사쿠라 파이넌스 서비스에 업무를 위탁하여 연간 5천만 엔 이상의 경비를 절감하였다. 일본 국내(GE 캐피탈 파이넌스)에서는 계속해서 20개 가까운 프로젝트를 동시진행하고 있다.

4● 라이팅 사업

GE 라이팅은 전구 발명자 토머스 에디슨까지 거슬러 올라가는, GE에서 가장 역사 깊은 사업이다. GE는 몇 기업의 합병을 통해 1892년에 설립되었는데, 그 가운데 다수가 에디슨이 발명한 백열전구 제조

그림 44   식스 시그마의 적용 사례

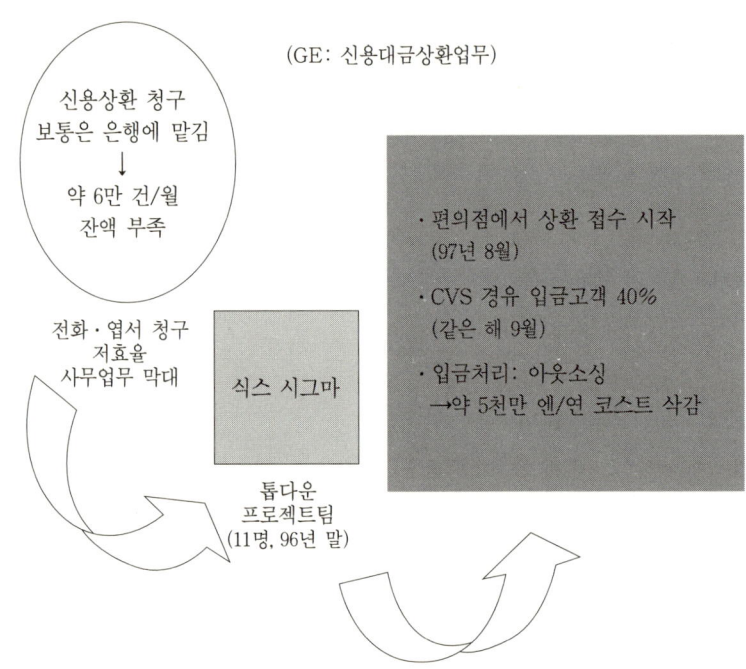

(GE : 신용대금상환업무)

신용상환 청구
보통은 은행에 맡김
↓
약 6만 건/월
잔액 부족

전화 · 엽서 청구
저효율
사무업무 막대

식스 시그마

톱다운
프로젝트팀
(11명, 96년 말)

· 편의점에서 상환 접수 시작
  (97년 8월)

· CVS 경유 입금고객 40%
  (같은 해 9월)

· 입금처리 : 아웃소싱
  →약 5천만 엔/연 코스트 삭감

출처: 《주간 다이아몬드》 97년 11월 8일자

관련기업이었다. 오늘날 GE 라이팅은 세계적으로 2만 종 이상의 전구를 취급하고 있는데, 백열등·형광등·할로겐등·수은증기등·장식용 램프나 자동차용 라이트 외에도 전구용 부품과 유리를 제조·판매한다. 95, 96년 2년 동안 발매한 신제품이 전세계를 통틀어 7백 개 이상이라고 한다. 96년에는 조금 줄어들기는 했지만 거의 매일같이 세계 어디에선가 신제품을 발매하고 있다.

이렇게 상상할 수 없는 거대한 단위의 제품을 다루는 사업에서는 1백만 개 가운데 단지 3.4개라 해도 그 영향을 받는 공장과 고객이 적지 않기 때문에 6σ라는 숫자가 현실성을 가진다. 이러한 배경하에 GE 라이팅은 기존부터 각종 프로세스와 기법을 보편화하여 글로벌하게 사업의 통합성을 강화하려고 노력해 왔다. 지금은 상층부 종업원 2백명이 주요 고객을 중심으로 풀타임으로 식스 시그마 활동에 전념하고 있으며, 앞으로는 모든 종업원에게 이 기법을 교육시키기 위해 적극적으로 투자하기로 하였다. 이미 '거래품질' 개선활동에 고객을 참여시킴으로써 대금청구 절차 개선, 낭비 배제, 서비스 수준 향상이라는 효과를 거두고 있다.

5● 메디컬시스템 사업

GE 메디컬시스템은 기존형 및 디지틀형 X선장치, CT스캔장치, MR장치, 초음파장치 등 의료진단용 영상장치를 제조하는 대기업이다.

이 회사는 또 방사선치료시스템, 진단정보처리시스템과 진단용 부품류도 공급한다. 미국 외에 유럽과 아시아에도 판매, 서비스, 설계, 제조를 담당하는 해외법인을 두고 있으며, 조인트 벤처사업에 대한 출자라는 형태로 중국·인도·인도네시아·일본·한국·사우디아라비아·대만·타이·베트남에 진출하였다.

GE 가운데 가장 먼저 식스 시그마 활동을 시작한 곳이 메디컬시스템 사업이다. 97년도의 절감효과는 4천만 달러 정도로 다른 사업부에 비하면 적은 듯하지만, 이곳에서 성과가 있었기 때문에 비로소 GE 전체가 지금과 같은 커다란 성과를 올리게 된 것이다. 따라서 식스 시그마 교육을 가장 우선시하며, 이미 연수를 받은 종업원의 수도 1만 명이 넘는다. 또 신제품의 투입베이스가 빠르다는 사업특성(과거 3년 이내에 발매된 제품이 기기 매상의 80%를 차지) 때문에 제품의 개발/설계와 같은 프로세스에서도 식스 시그마 활동의 효과가 유감없이 발휘되고 있는 것 같다.

신문(《닛케이 산업신문》 1997년 12월 2일자)에 난 것은 소니보다 늦었지만 GE 요코가와 메디컬시스템에서는 이미 1996년 3월부터 7개의 식스 시그마 프로젝트에 착수하였다. 홈페이지(http://www.geyms.co.jp)에 따르면, 이곳에서는 마스터 블랙벨트 5명, 블랙벨트 15명이 활약하고 있으며 프로젝트 하나가 완성될 때까지 걸리는 주기는 약 4개월이라고 한다. GE 요코가와 메디컬시스템에서는 자사의 공장이 있는 세계 각지에 지도자를 파견하여 식스 시그마 활동을 보급하려 노력하고 있다.

일본의 사례 가운데에는 '2%의 결함'을 목표로 삼은 경우도 있다. 말하자면 '자사 제품에 대한 고객의 문의에 즉각 대응할 것'이라는, 경영활동에서는 매우 기본적인 주제를 '치명적인 중대한 과제'로 파악한 것이다. 이 회사의 주력제품 사용자, 즉 고객은 의사와 검사기사이고 문의는 대부분 기기 사용방법과 고장에 관한 내용이었다. 만약 OA기기라면 제조업체가 조금 대응지연이 있어도 기본적으로 사람의 생명과는 관계가 없다. 하지만 의료기기에서는 지연이 '치명적'이어서 일분 일초가 중요하다. 그런 경우가 확률적으로는 거의 무시해도 좋을 수치라 해도 이 분야에서만은 절대 간과할 수 없다. 의사의 문의전화는 월간 2천8백~4천 건에 이르고 평균 회답소요시간은 5분이었다. 이러한 CS조사 결과에만 치중했다면 그다지 특별한 내용이 없었을 것이다. 하지만 회사가 주목한 점은 그때까지 전체의 2%에 불과했던 '회답에 15분 이상'이라는 항목이었다. 그래서 기존의 대응업무의 흐름과 인원배치를 근본적으로 재검토하여 지금은 그것을 0.02% 수준 (5σ 상당)으로 끌어내렸다. 앞으로는 전사원(1천5백 명)을 대상으로 식스 시그마 교육을 실시하여 1년 안에 제조부문뿐 아니라 마케팅, 서비스, 개발부문 등으로까지 활동을 확대해 나갈 예정이다. 식스 시그마 활동에 대한 총투자액은 2~3억 엔에 이르지만 2000년에는 프로세스 개선의 성과로 10억 엔 정도의 이익을 볼 것으로 추정한다.

98년에는 이미 시작한 약 70개의 프로젝트에 새로 1백 건의 프로젝트가 추가되어 98년 말까지는 전체 사원이 프로젝트를 경험하게 될 것이다. 이들 프로젝트에서는 철저한 '낭비의 인식, 코스트의식의 향상'이 하나의 목표이다. 통계 해석에는 GE가 개발한 전용 소프트웨어를 사용한다고 발표했는데, 여기서도 GE식의 독자적인 식스 시그마 활동이 확립되고 있음을 엿볼 수 있다. 본국의 GE 메디컬시스템(위스콘신 주 밀워키)에서는 95년 10월부터 식스 시그마 활동에 들어갔는데, 첫 대상으로 삼은 곳은 CT스캐너에 탑재되는 부품을 제조하는 공장이었다. 이곳에서 실시된 20개 이상의 프로젝트 결과 지금은 똑같은 부품의 수명이 20% 이상 개선되었다고 한다. 이 공장에서는 앞으로도 20%를 더 개선할 수 있을 것이라고 내다본다.

6●플라스틱 사업

매사추세츠 주 피츠필드에 본사를 둔 GE 플라스틱(GEP)은 세계 최대의 고성능 엔지니어링용 열가소성 물질 제조업체이다. 해외에서 매상의 절반(51%)을 획득하고 있어 GE 그룹 가운데에서도 가장 글로벌한 회사라고 할 수 있다. 이 기업은 주로 고성능 수지와 최첨단

폴리머, 합금, 합성물을 자동차(GEP 총매출액의 25%), 컴퓨터·전기 통신(30%), 건설업계 등에 제공한다. 이렇게 각종 소재를 만드는 한편 전세계의 기술·어플리케이션 개발센터에 소속된 전문가가 고객과 아이디어를 교환하거나 고객의 문제를 해결해 줌으로써 혁신적인 솔루션을 개발하고 있다. 이 센터는 고객지원 역할을 담당할 뿐만 아니라 워크숍과 세미나를 기획·운영하며 시험실로도 활용된다. GE의 화학부문은 GE 플라스틱 외에 GE 일렉트로 매터리얼스, GE 페트로 케미컬즈, GE 실리콘즈, GE 스페셜티 케미컬즈 등의 회사로 이루어져 있다.

이곳에서 식스 시그마 활동을 '사업의 성장을 촉진하는 가장 자극적인 요인이 틀림없다'라고 찬양하고 있으며, 역시 세계 각지에서 몇백 명의 종업원이 프로젝트에 참가하고 있다. '고객·공급자와의 거리를 축소시킬 것'이 하나의 목표이기 때문에 활동의 적용대상은 공급자의 품질, 자사 사업의 제조공정, 고객과의 거래에 관련된 사항에 이르기까지 매우 폭넓고 다양하다. 일련의 식스 시그마 활동이 새로운 사업기회의 발견·창조로 이어지리라 기대하고 있다. 구체적으로 GEP는 전고객의 80% 이상을 개인면담하여 그들의 요구를 들어 보았다. 그 결과 고객의 바람은 자신들의 사업 가운데 가장 빨리 성장하고 있는 분야를 집중지원해 달라는 것이었다. 이를 받아들여 GEP는

20명의 글로벌 어카운트 매니저를 두어 사업의 글로벌화에 적극적인 고객을 전문적으로 지원하는 부문(1백 명)을 맡도록 하였다. GE의 화학사업에서 식스 시그마 기법의 적용은 상당한 진척을 보이고 있으며 그 활동으로 삭감된 코스트는 공장을 하나 더 지은 것과 같은 정도라고 한다. 예를 들어 유럽에 있는 폴리카보네이트(투명하고 견고한 열가소성 물질)부문은 겨우 8개월 만에 생산능력을 30% 향상시키는 데 성공하였다.

■7● 전력시스템 사업

GE의 전력 사업은 발전소에서 사용하는 각종 발전설비를 설계·구축·유지관리한다. 주요 설비로서는 증기터빈, 가스터빈 발전기, 수력 터빈 발전기, 원자로 시스템, 원자력 연료, 비등수형 경수로시스템 등을 구축한다.

96, 97년도의 식스 시그마 투자액은 9천만 달러였고, 목표는 식스 시그마 활동 자체를 추진·정착시키는 것이었다. 이를 토대로 2000년까지 4년 동안 10억 달러에 이르는 누적절감효과를 전망하고 있다. 자격 취득자는 3백 명에 이르며 식스 시그마 활동에 관한 연수와 실습에 들어간 총시간은 6만 2천 시간이나 된다. 또 97년도 중에 계획된 프로젝트수는 2천 개로 GE 그룹 가운데 가장 많으며, 그것만으로도 7

천만 달러 상당의 생산성 향상 효과가 기대된다. 96년에는 이러한 프로젝트의 대상을 선정하고 우선순위를 매기기 위해 상당히 자세한 조사를 실시하였다.

8● 수배전 · 제어기기 사업

식스 시그마 활동에 관한 기술은 적지만 고객만족과 생산성 향상, 물류와 제조공정에 중점을 둔 결과 '극적인 발전'이 있었다고 한다. 활동은 앞으로도 계속될 것이며, 그것이 앞으로 매출규모 확대의 한 가지 요인이 될 것으로 기대하고 있다.

9● 산업컨트롤시스템 사업

GE의 산업컨트롤시스템 사업은 주로 전력회사를 대상으로 하고 있지만 세계 시장에서 판매력을 확충하기 위해 후지전기(富士電氣)와 조인트 벤처사업을 설립하였다. 또 산업용 직류·교류 모터의 경쟁력을 부활시키기 위해 멕시코 몬트레이에 있는 산업용 모터 생산설비를 증설하였다. 1996년에는 모든 사업에서 속도, 품질, 코스트 개선에 대한 도전이 활기차게 진행되기 시작하였다. 세계 시장에서 경쟁기업을 물리치기 위해서는 최고의 품질과 최강의 상품 서비스를 계속 제공해야 하기 때문이다. 주요 부문에서는 영업이윤 확대, 총자본 이익률 향상 등 몇 가지 목표에서 두 자리수 성장을 실현하였다. 그리고 그것을 유지·강화하는 역할을 식스 시그마 기법에 기대하고 있다. 식스 시그마 활동의 보급에 의해 품질향상투자를 투자 대 이익, 3 대 1이라는 비율로 회수할 수 있으리라 예측한다. 여기서도 교육·연수를 본격적으로 전개하고는 있지만 그것이 성과로 나타나는 것은 97년 이후일 것으로 내다본다.

10● 정보서비스 사업

GE에서는 전자상거래(EC＝Electronic Commerce)와 정보기술(IT)을 식스 시그마 활동 추진에 빼놓을 수 없는 요소라고 강조한다. GE 그룹에서 이 영역을 담당하는 것이 GE 인포메이션 서비스(GEIS. 본사는 메릴랜드 주 록빌)와 GE 인포메이션 테크놀로지 솔루션즈(GEITS. 본사는 조지아 주 노크로스) 등이다. GEITS는 96년 7월에 매출액 20억 달러의 SI 사업자인 아메리데이터 테크놀로지스(AmeriData Technologies Inc.)를 매수하여 탄생하였다. GEITS는 GE 캐피탈이 EC사업을 추진하기 위해 15개 팀을 조직했을 때 4백~5백 명의 IT 컨설턴트를 파견하였다. GE는 식스 시그마 활동이 이 회사의 두 자리수 이익을 뒷받침하고 있다고 하는데, GEITS에 IT 컨설턴트를 대폭 보강한 것은 GE가 인터넷에서 이익을 올리기 위한 포석인 것으로 보인다.

GE가 EC사업을 추진하는 또 하나의 목적은 코스트 절감이다. 여기에는 GEIS가 공헌하고 있다. GEIS는 'GE 트레이딩 프로세스 네트워크(TPN)'(http://www.tpn.geis.com)라는, 안전(security)이 확보된 웹사이트를 구축·운영하고 있다. 이 TPN에서는 GE 라이팅의 조달을 자동화하였다. GE 라이팅은 파일롯 프로젝트로 TPN에 참가한 1996년 중반부터 불과 반년 사이에 평균 조달기간을 기존의 절반인 7일로 단축하는 데 성공하였다. 또 웹정보의 공개성 때문인지 조달가격도 10~15% 낮출 수 있었다고 한다. 지금까지 GEIS가 제공해 온 자사 사양의 EDI(전자데이터 교환) 시스템에서는 아무래도 수발주 데이터의 유통이 원활하지 않았다. 하지만 이것을 인터넷화함으로써 구입창구뿐 아니라 공장에서 공급자까지 직접 연결시킬 수 있었다. GE 라이팅 이외에도 GE 항공기엔진, GE 메디컬시스템, GE 수송기기시스템, GE 전력시스템 등이 TPN에 참가한 것으로 보인다.

(*Information Week*, 1/27/97)

11 ● 수송기기시스템 사업

GE 수송기기시스템(GETS)은 펜실베니아 주 엘리에 본사를 둔, 세계에서 손꼽히는 육상수송용 기기제조업체이다. GETS의 사업은 동력 개발·응용 분야를 중심으로 미국 외에 세계 75개국 이상에서 이루어지고 있다. 약 5천5백 명의 종업원을 거느린 GETS의 생산품은 디젤기관차, 전기기관차, 직류·교류식 화물·여객용 차량, 탄광트럭용 동륜시스템, 보조전력시스템, 철도용 신호시스템과 통신시스템, 유정설비용 모터와 발전기, 해상용 디젤 엔진 등이다. GETS는 이들 제품을 리스 등으로 판매하는 것 외에 부품 교환, 유니트 교환 등 애프터서비스를 통해 고객과도 좋은 관계를 유지·강화하려 하고 있다. 이러한 관점에서 고객이 있는 곳으로 나가 교육을 시키는 '온사이트 학습센터'도 설치해 놓았다.

이 사업은 이미 성공한 사업을 더욱 향상시키기 위한 원동력이 식스 시그마 활동이라고 기술한다. 96, 97년도 식스 시그마 활동에 관련된 투자액은 무려 2억 4천5백만 달러였고, 그 결과 97년도에는 3천만 달러 상당의 절감 효과를 보았다. 나아가 97년도 말에는 전종업원의 75% 이상이 식스 시그마 기법의 연수를 끝낼 예정이다. 식스 시그마 활동은 자사 품질의 향상뿐 아니라 고객에게도 직접적인 효과가 있기 때문에 '고객의 생산성을 높이는 작용'도 할 것이라 기대한다.

12● 물류 사업

GE는 12개의 주요 사업으로 이루어져 있다. 여태까지 NBC를 제외한 11개 사업의 식스 시그마 활동을 소개하였는데, 12개 사업부문을 보주하는 형태로 GE의 전체 사업에 관여하는 물류 사업도 식스 시그마 활동에 적극적이므로 마지막으로 물류 사업을 소개한다.

GE 서플라이(본사는 코네티컷 주 쉘톤)는 매출액 18억 달러를 자랑하는, GE 및 다른 주요 전기제조업체가 제조한 전력장치류의 유통업체이다. 취급장치는 주로 배전장치, 변압기(트랜스), 산업용 제어기기, 전구, 전등, 배선장치, 모터, 실리콘 등이다. GE 서플라이는 이렇게 풀라인(full-line)으로 구비된 상품에 부가가치 서비스와 기술적 전문지식을 부가하여 전력사업자 등에게 제공한다. 이 회사의 물류를 뒷받침하는 것이 미국 전역 42개 주에 배치된 4백50평방피트의 물류창고와 1백30여 곳의 지사·지점망이다.

 1997년 6월 2일, GE 서플라이는 기존에 실시해 온 TQM과 ISO 9000 품질프로그램을 토대로 거의 완벽에 가까운 고객 서비스를 실현하기 위해 식스 시그마 활동에 들어갔다고 발표하였다. CEO 겸 사장인 빌 메도우에 따르면, GE 서플라이는 처음부터 공급자와 고객 사이에 장기적인 관계를 구축하기 위해서는 최고의 품질을 갖춘 상품 서비스를 제공하는 것이 필수적이라고 인식하고 있었다. 식스 시그마 활동은 회사의 이러한 오랜 도전의 가장 새로운 단계로서, 기업문화를 정의하고 고객을 위한 서비스의 수준과 질을 향상시키며 사업을 위한 품질수준을 제시한다. 식스 시그마 활동은 GE 서플라이의 모든 활동을 통해 품질개선 효과를 가져올 것으로 기대되지만, 특히 비용 대 효과와 제공 서비스 효과를 최대화할 것으로 전망된다. 왜냐하면 회사의 시스템 기술과 업계에서 손꼽히는 효율적인 창고망이 서로 상승효과를 일으킬 것이기 때문이다.

GE 서플라이가 식스 시그마 활동을 통해 추진하고 있는 주요 프로젝트는 다음과 같다.

● 'GE 서플라이 퀵링크'(GE Supply QuickLINK™)

각 고객에 대한 특별가격 표시기능과 미국 전역에 걸친 검색기능을 구비하고 리얼타임으로 재고 확인까지 할 수 있는 윈도우용 조달시스템.

● '서플라이네트'(SupplyNet)

안전이 확보된 환경에서 각 고객에 대한 특별가격 표시기능과 미국 전역에 걸친 검색기능을 구비하고 리얼타임으로 재고까지 확인할 수 있는 인터넷용 조달시스템.

● '오아시스'(OASIS)

업계 최초의 온사이트 제품조달, 재고관리 서비스.

● '허브 앤 스포크'(Hub and Spoke)

6군데의 지역물류센터에서 북미대륙 1백27군데에 걸친 GE 서플라이의 거점으로 배송되는 물류의 재고관리시스템.(업계 최초로 저스트인타임(JIT)으로 재고를 관리)

GE 서플라이에서는 식스 시그마 활동을 전담하는 스탭을 양성하였다. 이 회사의 식스 시그마 프로세스는 통계적·품질관리적 기법을 배우는 4개월의 훈련프로그램에서 시작된다. 프로그램을 마친 스탭은 블랙벨트 자격과 함께 중요 프로세스에 관해 MAIC를 실시할 권한을 부여받는다. GE 서플라이가 식스 시그마 활동과 관련해 추진하고 있는 프로젝트는 다음 5개 주요 범주로 분류할 수 있다.

(1) 납기 확보: 고객의 요구대로 확실히 물품을 배달했는지를 평가한다.

(2) 빠른 응대(Quick Response): 고객에게 시기적절한 오더 스테이터스(Order Status) 정보를 제공한 회수와 마찬가지로 고객이 걸어온 가격, 재고 확인 전화를 1회로 완결한 회수가 증가하고 있는지 평가한다.

(3) 주문의 정확성: 고객의 주문 입력이 언제나 100% 정확하게 이루어지고 있는지에 역점을 둔다.

(4) 재고만족도: 재고가 고객의 요구를 만족시킬 만큼 적절한 양으로 언제나 비축되어 있는지를 평가한다.

(5) 정확한 출하: 올바른 상품이 올바르게 포장되어 손상 없이 고객에게 배달되는지를 평가한다.

GE 서플라이에게 식스 시그마 활동이란 그동안 자사의 상품 서비스 배송품질을 향상시키기 위한 모든 대책 가운데에서도 가장 효율적이고 비용 대 효과가 높은 기법이다. GE 서플라이 사원은 이미 '서비스품질에 관련된 문제는 모두 프로세스를 통해 발생한 결함의 결과'임을 알고 있다. 그래서 식스 시그마 활동을 추진하면 고객에게 영향을 주는 프로세스 가운데 문제점을 경감시킴으로써 결함을 밝혀내고 또 그것을 제거하는 방법을 알 수 있다.(*Business Wire*, 6/2/97)

이러한 GE 각 사업부문의 성공사례는 '고객의 소리'를 듣는다는, 이른바 CS적인 접근방식이 출발점이긴 하지만 단순히 고객의 표면상의 요구에만 대처하는 식은 아니었다. 철저하게 '왜'라고 묻기 때문에 하나의 문제도 슬그머니 넘어가는 법 없이 경영개혁에 꼭 필요한 본질적인 주제를 찾아내게 된다. 웰치 회장은 이를 증명이라도 하듯이 '만약 속도, 생산성, 종업원, 공급자와 업무의 관계를 향상시키면, 또 사업 성장과 기업풍토에 관한 중점시책을 강구하면 그 부산물로서 품질수준은 당연히 향상된다'(GE Quality 2000: A Dream with A Plan*, 그림 45)고 말한다. 이미 각 부문에서 다양한 성과를 내기 시작한 식스 시그마 활동은 GE 사내에서도 당연히 '베스트 프랙티스'가 되어 앞으로 더욱 큰 성과를 가져올 것이다.

이 몇 해 사이 웰치 회장은 부문간 '가치의 공유'를 계속 부르짖고 있다. 그리고 그것을 실현하기 위해 조직의 벽을 없애고(boundless)

GE Quality 2000: A Dream with A Plan
1996년도 GE 연례 주주총회(1996년 4월 24일, 미국 버지니아 주 샤롯츠빌)에서 한 웰치 회장의 연설 제목. 그는 여기서 '계획성이 있는 꿈'에 관해 이야기하였다.

편협주의(Not Invented Here: 사내 각 부문의 독자성을 중시하여 다른 부문에서 노하우를 배우는 것을 금기시하는 것)를 철저히 배제해 왔다. 이렇게 착실히 기업문화를 재구축한 뒤 통계라는 매우 이론적인 도구를 이용하여 6σ라는 난이도 높은 목표를 향해 경영개혁 활동을 전개하고 있다. 27만 명에 이르는 사원이 공통의 언어를 가지고 공통의 목

그림 45   GE Quality 2000 : A Dream with A Plan(요약)

'식스 시그마──GE Quality 2000'은 당사 사상 최대 규모, 또 가장 보람 있는 도전이자 궁극적으로는 수익성 향상에 기여하는 활동이 될 것입니다.

우리들은 2000년까지 '식스 시그마 Quality' 기업달성이라는 목표를 스스로 부여하였습니다. 이것은 사실상 불량이 없는 제품·서비스·거래를 산출하는 기업이 되는 것입니다.

우리 회사의 수준 높은 품질이 고객에게 특별한 것, 특별히 가치 있는 것, 고객의 성공에 꼭 필요한 것이 되기를 바라며, 그 결과 우리 회사 제품이 고객에게는 유일하게 가치 있는 선택이 되기를 진심으로 바랍니다.

이 식스 시그마 활동은 제품을 개선함으로써 완벽을 기한다는 패러다임(전형)에서 벗어나 프로세스를 개선함으로써 반드시 완벽이나 거기에 가까운 것을 생산하는 것이 목표입니다.

이렇게 거대하고 과감한 전략을 수행하는 데 GE만큼 유리한 위치에 있는 기업은 세계 어디에도 없습니다. 과거 20년간 우리들이 쌓아 온 기업풍토의 개혁 모두가 이 자극적이고 보람 있는 과제에 착수하는 데 도움을 줄 것입니다.

출처: GE 주주용 자료 'GE QUALITY 2000 : A Dream with A Plan'

표, 공통의 가치를 향해 매진하는 것이 웰치 회장이 제시한 '21세기형 초우량 기업'의 한 모델일 것이다.

그림 46   GE : '식스 시그마' 의 지향점

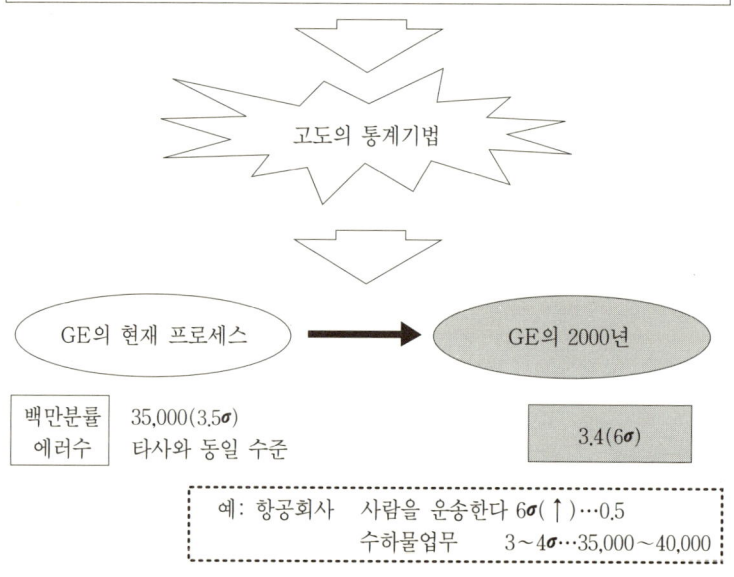

제품을 개선함으로써 완벽을 기하는 패러다임에서 탈피
프로세스를 개선함으로써 반드시 완벽 또는 그에 가까운 것을 생산한다.

고도의 통계기법

GE의 현재 프로세스 ➡ GE의 2000년

백만분률 에러수	35,000(3.5σ) 타사와 동일 수준

3.4(6σ)

예 : 항공회사   사람을 운송한다 6σ(↑)···0.5
                   수하물업무   3~4σ···35,000~40,000

출처: GE 주주용 자료 'GE QUALITY 2000 : A Dream with A Plan'

2 외부조달자재의 품질까지 대상으로 삼아 6σ 달성을 지향한다 — 모토롤라

세계적으로 가장 먼저 말콤 볼드리지(MB)상을 받아 세계적인 수준의 고객만족도, 경영품질을 인정받은 기업 모토롤라는 식스 시그마 기법을 탄생시킨 곳이다. 모토롤라는 자신에게 MB상을 가져다 준 높은 고객만족도를 더욱 향상시키기 위한 구체적 기법으로 식스 시그마를 도입하였다. 모토롤라가 생산하는 IC칩은 기술혁신으로 3년 만에 4배로 복잡해졌다고 한다. 또 모토롤라의 휴대전화는 1대당 4백 개의 부품으로 이루어져 있기 때문에, 모든 부품이 2σ의 품질수준이라면 부품 하나하나가 모두 1백만 개당 30만 8천5백37군데의 결함을 내포하고 있는 셈이다. 그러니 4백 개의 부품으로 이루어진 휴대전화 1대에는 도대체 몇 군데의 결함이 내재되어 있을지 짐작조차할 수 없는 사태가 되었다.

모토롤라는 1981년에 '1986년까지 10배의 품질개선'을 이룩한다는 목표를 내걸었다. 이 목표를 향해 우선 모토롤라 전체에 적용할 품질개선도를 측정하기 위해 기준을 개발하는 데에만 5년이 걸렸다. 그런데 그 사이 사내의 각 사업부문은 독자적인 품질평가절차를 개발하였기 때문에 1987년이 되자 모토롤라는 회사 전체에 '유니트당 총결함수'라는 통일된 절차를 도입하였다. 같은 해, 당시 미국 대통령인 로널드 레이건이 '말콤 볼드리지 국가품질개선법안'에 서명하였다. 이 법안의 일부로서 만들어진 것이 매년 품질개선에 공헌한 미국 기업을 뽑아 표창하는 MB상이다. 모토롤라는 첫해부터 이 상을 받기 위해 노력하였으며, 1988년에 최초로 수상한 3개 기업 가운데 하나에 끼었다. 다른 2개 기업은 웨스팅하우스의 상용원자력연료부문과 글로브 메터로지컬(야금)사였다.

모토롤라의 본격적인 품질개선운동은 이윽고 식스 시그마 활동으로 진화하였다. 모토롤라는 1990년 모토롤라 대학 안에 '식스 시그마 연구소'를 설립하여 6σ 기준의 달성을 향해 매진하였다. 그 결과, 87년 시점에서는 제품 1백만 개 가운데 불량부품수가 6천 개였지만 95년 말에는 25개로 줄어들었다. 또 80년대에는 출하 뒤 겨우 3년이면 고장이 났던 제품이 지금은 22년 이상의 수명을 가지게 되었다. 이러한 일련의 품질개선 노력에 의해 모토롤라는 지금까지 약 9백만 달러를 절약할 수 있었다고 한다. 잘 알려졌듯이 모토롤라는 수많은 다양한 품목을 취급하고 있는데, 식스 시그마 기법의 장점은 이 기업이 취급하는 무선호출기, 휴대전화, IC칩 등 각 제품마다 품질관리 알고리즘을 바꾸지 않아도 된다는 점이다. '유니트당 불량률'과 '1백만 회 작동당 불량률' 등의 계산식은 우주공간을 떠도는 통신위성에서도 불변이기 때문이다.

모토롤라가 당초 세운 목표는 1992년까지 6σ 품질에 도달하는 것이었다. 그리고 같은 해 말까지 회사 전체의 품질수준을 평균 5.45σ로까지 향상시켰다. 이 수준은 1백만 개 가운데 30개 정도의 결함률을 뜻하므로 1987년 초의 수준에 비해 1백70배나 개선된 셈이다. 하지만 6σ라는 목표는 97년 시점에서는 달성할 수 없다. 그것은 아마 품질관리 기술이 기술혁신의 진보를 따라잡지 못하고 있기 때문인 것 같다. 모토롤라는 무선호출기를 1개 만드는 데 9주가 걸렸던 예전에는 품질관리 프로세스를 연 5회 재검토하였다. 그런데 지금은 1시간이면 무선호출기를 1대 만들 수 있으니 프로세스를 1시프트당 8번이나 재검토해야 하는 셈이다. 따라서 이전보다 훨씬 자주 모든 제품 지식을 흡수하고 생산에 피드백해야 했기 때문에 프로세스분석도 그대로 내버려 둘

수는 없었다.

또 모토롤라는 식스 시그마 활동을 전개하는 가운데 사내에서 아무리 품질관리, 오퍼레이션관리를 완벽히 해도 사용하는 기계류나 외부조달 원료에 결함이 있으면 5.75σ까지밖에 도달할 수 없다는 사실을 독자적으로 분석해 내었다. 어떤 기업도 외부조달 없이는 사업을 운영할 수 없으므로 만약 이 분석이 올바르다면 자사 단독으로 활동을 추진해 보았자 6σ 기준에는 절대 도달할 수 없다. 이 분석결과를 본 모토롤라는 외부조달 부자재의 품질을 현장에서 관리하는 구입담당자의 의식과 기술을 향상시킴으로써 본격적으로 6σ를 향해 나아가기로 하였다.

모토롤라는 이러한 배경 아래 1993년에 반도체부문에 '모토롤라 공인구매 담당자 프로그램'(Motorola Certified Purchasing Agent Program=MCPA)을 도입하였다. 이 교육 프로그램은 식스 시그마 교육과 마찬가지로 모토롤라 대학의 협력을 받아 운영된다. 따라서 커리큘럼 개발에도 모토롤라 대학이 깊이 관여한다. 이 프로그램은 6σ를 목표로 모토롤라의 품질을 위협하는 외부물품의 유입을 가로막는 방파제가 될 사람을 양성한다. 이 때문에 프로그램 자체가 엄격한 편이지만 특징적인 것은 수강 자격까지 매우 엄격하다는 사실이다. 즉 4년제 대학 졸업 또는 동등자격을 가지고 5년 이상 부자재 구입업무에 종사했던 사람이어야 한다. 그러한 사람만이 의무적으로 최저 4백33

시간의 수강을 받아야 하는 MCPA에 참가할 수 있다. MCPA는 모토롤라 대학에 설치된 기존 코스와 MCPA용으로 특별히 개발된 코스로 이루어져 있다. 그 가운데 25개 코스가 필수 프로그램이다. 필수 프로그램의 내용과 수강 시간은 그림 47에 나와 있다.

MCPA 수강자는 이밖에 선택코스도 의무적으로 수강해야 한다. 선

그림 47   모토롤라의 식스 시그마 교육 메뉴

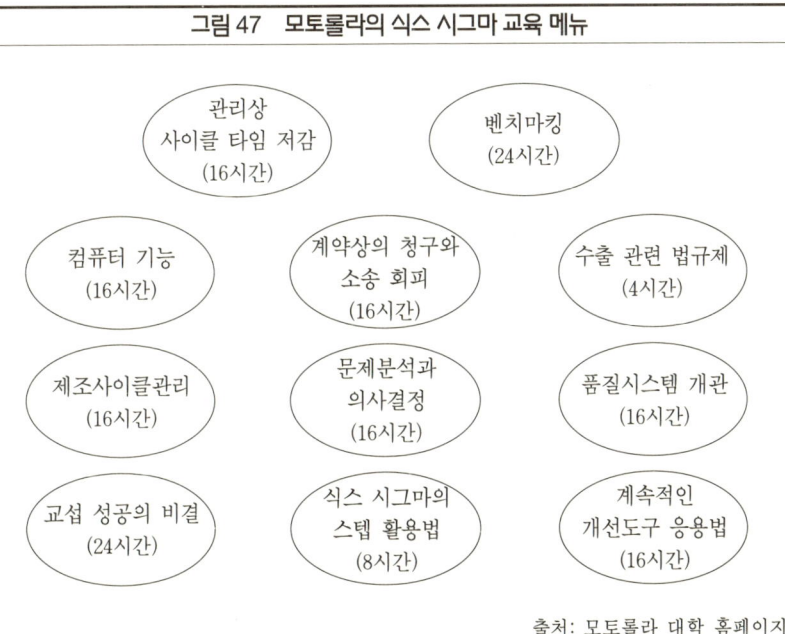

출처: 모토롤라 대학 홈페이지

택코스에는 경영관리, 인사관리 외에 각국의 문화(중국·프랑스·독일·일본·한국·스페인) 등이 있다. 코스 수강을 수료한 후에도 안심할 수 없다. MCPA 인정자는 5년에 한 번 재인정을 받기 위해 최저 10개 코스를 수강해야 하기 때문이다.

이렇게 매우 체계적이며 워크로드를 감당하기 어려운 커리큘럼이기 때문에 MCPA 인정을 받는 것은 보통일이 아니다. 97년 7월 현재 기껏해야 2명의 MCPA 인정자와 몇 명의 출원자가 나온 데 불과할 뿐이다. 하지만 '시간을 가지고 6σ를 달성한다'라고 표명한 모토롤라는 6σ 기준의 달성시기가 예정보다 크게 늦어지고 있든 MCPA 인정자가 그다지 늘어나지 않고 있든 그다지 신경을 쓰지 않는 모양이다. 이는 식스 시그마 활동이 6σ 달성만을 목표로 하는 활동이 아니라 6σ 목표에 도달하는 과정에서 드러나는 프로세스의 문제점을 하나씩 개혁해 나가는 활동임을 올바르게 인식하고 있기 때문이다. 1993년에 설정된 현재의 목표는 모토롤라의 모든 활동영역에서 6σ를 달성하고 2년마다 결함을 10배씩 줄이는 것이라고 한다.

(Charles A. Sengstock, Jr., *Quality in the Communications Process*, Motorola University Press. Copyright 1988 Motorola, Inc. Used with permission of Motorola University Press, USA, *Investor's Business Daily*, 12/24/96, *Purchasing*, No.119)

경영에 미치는 에러나 미스의 영향을 수량화한다 — 얼라이드 시그널

식스 시그마 활동을 전개할 때 에러의 수량화는 반드시 검토해야 할 중요한 요소이다. 기업 활동에서 에러가 발생하는 것은 피할 수 없는 일이지만 거기에 대응하는 시기에 따라 코스트는 크게 차이가 난다. 에러가 공공의 문제가 되기 전의 단계, 예를 들어 내부검사와 설계 평가 단계에서 발견된다면 수정 코스트는 1이면 된다. 그런데 그 시점에서 발견하지 못하고 출하검사 단계까지 가게 되면 코스트는 10배로 뛰어오른다. 나아가 고객이 사용하는 단계에서 발견되면 당초보다 1백 배나 되는 코스트가 들어간다고 한다. 이것이 에러 예방의 중요성을 말해 주는 '1:10:100'이라는 규칙이다. 이 규칙은 그저 상징에 그치는 것이 아니라 예전에 IBM이 로체스터 공장에서 AS400(IBM의 컴

퓨터시스템)의 생산라인을 분석한 결과 '1:13:92' 였다는 사실로도 증
명된다.(그림 48)

얼라이드 시그널(Allied Signal)이 식스 시그마 기법을 도입할 때 검토
한 QIS(Quality Impact Score)는 똑같은 에러라도 대처하는 시기에
따라 전혀 다른 영향을 미친다는 점을 표현하고 있다. 얼라이드 시그

그림 48 Ⅰ:13:92

출처: IBM 주주용 자료, 신문정보

널에서는 에러 발생건수는 같아도 에러가 어느 단계에서 발견되었는가, 그 에러는 본질적인 것인가 부수적인 것인가에 따라 QIS를 산출하여 회사 전체의 관리기준으로 삼고 있다. 그림 49가 QIS 산출논리이다.

사례 1의 현장에서는 5천 건의 에러가 발생하는 반면, 사례 2의 생산라인에서는 6건밖에 발생하지 않는다. 따라서 에러건수만 비교하면 압도적으로 사례 1이 문제가 큰 셈이다. 하지만 사례 1에서는 코스트가 낮고 에러도 부수적인 작업에서 발생했기 때문에 'QIS=500'이

그림 49   QIS(Quality Impact Score)

QIS =
결함품수×부품 코스트×결함 검출시점×결함 타입
                        ●1   ●2

사례 1: 5천 건
10센트
수입검사
단순전표 미스
↓
QIS = 500
5000×0.1×1×1

사례 2: 6건
2천 달러
생산라인
본체 균열
↓
QIS = 240,000
6×2000×10×2

●1: 고객단계: 100
    생산라인: 10
    수입검사단계: 1
●2: 기능면: 2
    지원활동: 1

출처: 얼라이드 시그널 홈페이지

된다. 반면 사례 2에서는 에러건수가 겨우 6건이라 해도 각 에러의 코스트가 높은 데다가 그것이 생산라인 속에서 발견되었고, 또 제품 본체의 균열이라는 치명적인 것이기 때문에 'QIS＝24만'이라는 엄청난 수치가 나온다.

식스 시그마 기법처럼 회사 전체의 관점에서 평가를 하기 위해서는 미스나 에러에도 중요도를 매길 필요가 있다. 에러를 일으키는 당사자에게는 회사 전체적인 관점이 없기 때문에 아주 사소한 문제에 과잉반응하거나 반대로 아주 중대한 사고의 징조를 간과하기도 한다. 하지만 개개 과제는 종업원 각자가 노력하면 된다고 생각해 모든 현장에 똑같은 평가기준을 채용하는 기업도 많다. 이러한 일률적인 기준에 대한 현장의 불만은 경영에 예상 외로 커다란 마이너스 효과를 가져올 수 있다. 현장에서는 중요한 부분을 중점관리하는 것이 필수조건이다.

얼라이드 시그널은 최초로 화학분야의 활동에 식스 시그마 기법을 도입한 기업이다. GE 플라스틱이 뒤를 이었지만, 그밖의 화학기업(듀퐁·다우케미컬 등)은 비슷한 기법을 사용하고는 있어도 식스 시그마를 통한 경영 혁신을 명쾌하게 선언한 곳이 아직까지는 거의 없다. 하지만 유니온 카바이드가 얼라이드 시그널과 만든 조인트 벤처사업에서는 생산라인의 프로세스 모델링에 대해 식스 시그마 도구를 사용한다. 또 이스턴 케미컬(Eastern Chemical)도 연 5억 달러의 코스트 삭감을 목표로 생산현장에서 벌이는 원자재, 노동력, 투하자본 삭감운동에 식스 시그마의 일부 도구를 사용하고 있다. 화학업계에서만 식스 시그마 활동이 이렇게 저조한 이유는 이 활동이 고도의 통계기법 등을 받아들일 수 있을 만큼 사내 기반이 정비된 기업에서만 가능할 것으로 생각해 많은 기업이 경원시하고 있기 때문이다.

이런 가운데 얼라이드 시그널은 지금까지 화학사업에 각종 통계적 기법을 받아들임으로써 2억 달러의 세전수익을 거두었다. 통계기법의 장점은 현재 자사의 능력을 파악하기 위해 프로세스를 측정·분석할 수 있다는 것이다. 그 결과 커다란 이익을 가져오는 분야를 발견할 수 있었을 뿐 아니라 장기적으로 개선해야 할 프로세스의 개선점까지 찾아내었다. 얼라이드 시그널은 식스 시그마 기법으로 생산라인을 최적화하고 생산프로세스의 결함과 산포 감소를 목표로 삼고 있다. 이를 실현하기 위해 사용하는 통계기법은 저품질이 초래하는 코스트 계산, 적절한 개선대상 프로젝트를 찾아내기 위한 생산능력과 생산성 검토 등이다. 얼라이드 시그널은 이러한 검토를 통해 자사의 화학처리공정을 담당하는 공장의 효율성이 기존에 생각했던 것보다 훨씬 낮다는 사실도 밝혀낼 수 있었다. 사우스캐롤라이나 주 펜들턴에 있는 이 회사의 플라스틱 공장이 실시한 식스 시그마 활동의 초기 결과에 따르면 생산능력 50% 향상, 사이클 타임 50% 저감, 재고 50% 삭감 외에 90%였던 납기 확보율을 거의 100%로 높이는 데 성공했다고 한다.

얼라이드 시그널 회장 보지디는 자사 공장의 대부분이 3.5~4σ의 범위에서 운용되고 있다고 말한다. 또 얼라이드 시그널은 이미 6σ 기준을 해결한 모델공장을 3개(사우스캐롤라이나 주, 캘리포니아 주, 애리조나 주) 가지고 있으며, 프랑스의 다보차자 공장이 네번째가 될 것이라 한다. 그리고 서기 2000년까지 회사 전체가 6σ에 도달할 것을 목표로 삼고 있다. 보지디 회장에 따르면 6σ 기준은 재무 플로우와 인사 플로우까지 모두 하나의 공장으로 모아 프로세스를 철저하게 재검토한 뒤 전공정을 한 번에 자동화함으로써 달성할 수 있다고 한다.

(*Chemical Week*, No.159)

4 모순을 힘으로 변화시킨다
── ABB

일본에서 ABB(본부는 스위스 취리히)라는 이름은 몇 해 전까지는 일반에게 그다지 잘 알려져 있지 않았다. 이는 기업의 주력사업이 세계적으로 성숙시장인 중전기(重電氣)이었기 때문일 것이다. 'ABB'라는 회사가 탄생한 것은 지금으로부터 10년 전 정도밖에 되지 않는다. 1987년에 각각 100년 이상의 역사를 가진 아세아(스웨덴)와 브라운 보베리(스위스)가 대등합병하여 다음해인 1988년 1월에 국제적인 전력엔지니어링 그룹으로 모습을 바꾸고 나서부터 ABB라고 부르기 시작하였다. 그 이후 당시 퍼시 버네빅 사장(현 회장)의 리더십 아래 나온 몇 가지 독창적인 경영컨셉과 그 성과가 세계의 주목을 끌게 되었다. ABB는 영국 《파이낸셜 타임스》지에서 94~97년 4년 연속으로 '유럽 제일의 우량기업'으로 뽑혔다. 96년 총매출액은 3백45억 달러이며 세계 1백40개국에 그룹기업 약 1천 개사, 종업원 약 21만 명을 거느린 유럽 최대의 중전기업체이다. ABB 일본그룹의 규모도 1995년 현재 수주액 9백35억 엔, 종업원 1천2백여 명에 이른다. ABB가 식스 시그마 기법을 도입한 시기는 1993년 식스 시그마의 '교주'인 해리와 슈뢰더를 초빙했을 때와 일치한다. ABB의 식스 시그마 활동에 관한 상세한 내용은 공개되지 않고 있지만, 국제 기업 ABB의 기업특성상 식스 시그마 기법을 도입할 수밖에 없었을 것이다.

'글로컬'이라는 단어가 있다. 이것은 '글로벌'과 '로컬'의 합성어이다. 특히 글로벌을 지향하는 기업이 많은 지금, ABB는 자신을 '글로컬기업'이라 부르며 실제로 글로컬을 실천하고 있다. 글로벌(국제성)과 로컬(지역성)의 공존은 다국적 기업 ABB에게는 필수요소이다. 왜냐하면 투자안건이 거액이기 때문에 유럽이라는 틀을 벗어나 글로벌한 활동을 벌일 수밖에 없기 때문이다. 예를 들어 아시아에 발전 플랜트를 건설한 후 몇십 년 동안 유지보수를 하기 위해서는 아시아의 지역성을 받아들이고 그곳에 뿌리를 내리지 않으면 안 된다.

ABB는 글로컬 외에도 '크면서도 작은', '중앙집권적이면서도 분권적인'이라는 얼핏 보기에 상반된 형용사로 설명된다. 이러한 세 가지 기업문화에는 모순을 실무적으로 공존시키고 극복하는 것이 국제적 대기업으로서 살아남는 길이라는 인식이 내재되어 있다. ABB는 대기업의 안정성과 중소기업의 활력이라는 양쪽의 장점을 조직 자체에 시스템으로 구축한 것이다.(그림 50)

또 ABB의 경영철학은 '고객에게 초점을'(Every looks matters)이다. 이는 'CS'와는 약간 다른 개념이지만 이러한 사고방식 자체는 전

그림 50　ABB의 독특한 경영철학

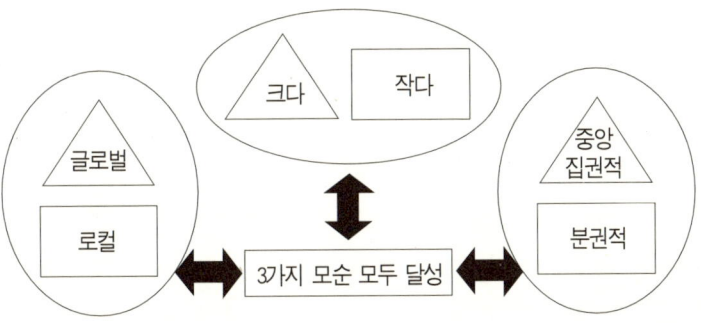

경영철학의 기본 '고객에게 초점을'(Every looks matters)
1. 고객중시의 주요 항목은 '속도' → 작은 조직이 속도를 낳는다.
2. '행동하고 나서 결과가 좋으면 최선, 잘못된 행동이라 해도 당장 고칠 수 있으면 차선, 늦어서 기회를 잃어버리는 것이 최악'.

출처: ABB 홈페이지

혀 새로운 경영관점이 아니다. 제일선의 담당자는 별도로 하더라도 사업규모가 확대되고 복잡해짐에 따라 기업경영의 입장(컨트롤 타워의 관점)은 물리적으로든 심리적으로든 고객과 괴리되기 쉽다. 또 고객에게 가까이 가고 싶어도 조직구조상 그렇게 하기 어려울 때도 있을 것이다. 그래서 ABB에서는 고객에게 초점을 맞추는 데 필수적인 행동기준으로 '속도'를 선택하였다. 대기업이 속도를 실현하려면 비록 전체적으로는 대기업이라 해도 작은 조직으로 움직일 필요가 있다.

속도도 현대 경영에서는 이미 빼놓을 수 없는 요소가 되었는데, 버네빅은 몇 해 전 잡지 인터뷰에서 속도의 중요성을 이렇게 말하였다. '행동하고 나서 결과가 좋으면 최선, 잘못된 행동이라 해도 당장 고칠수 있으면 차선, 늦어서 기회를 잃는 것이 최악이다.'

ABB에는 무려 5천 개나 되는 프로핏센터가 존재한다.(그림 51) 아무리 대기업이라 해도 관리의 어려움을 고려하면 5천 개의 유니트로 분해하는 것을 기꺼이 선택하는 경영자는 그렇게 많지 않을 것이다. ABB가 그룹 규모를 축소하지 않는 것은 '21세기의 초우량 기업에게 규모는 필요조건'이라는 버네빅의 신념 때문이다. '스탭은 소수여야 한다'라는 관점은 일반화되었지만 실제로 불어난 스탭을 줄이는 것은 어떠한 IT(정보기술)를 사용해도 달성하기 어려운 문제이다. 그 결과 복수의 사업을 하나로 묶음으로써 스탭의 비효율성을 중화시키는 경

그림 51　ABB 5000의 프로핏센터

① 스탭 소수, 사업영역은 의도적으로 소규모로 → 결정적 차이점
② '의미 있는 곳'에서의 사업전개≠중추 → 과도한 자존심 배제
③ 책임소재 명확화, 사업목표(톱다운)에는 합의가 존재, 소수의 '상사'
④ 각 지역의 사업을 최대한으로 존중 → 장기적 시야
⑤ '설득'에 의한 행동 → power-politics 중심에서 멀리

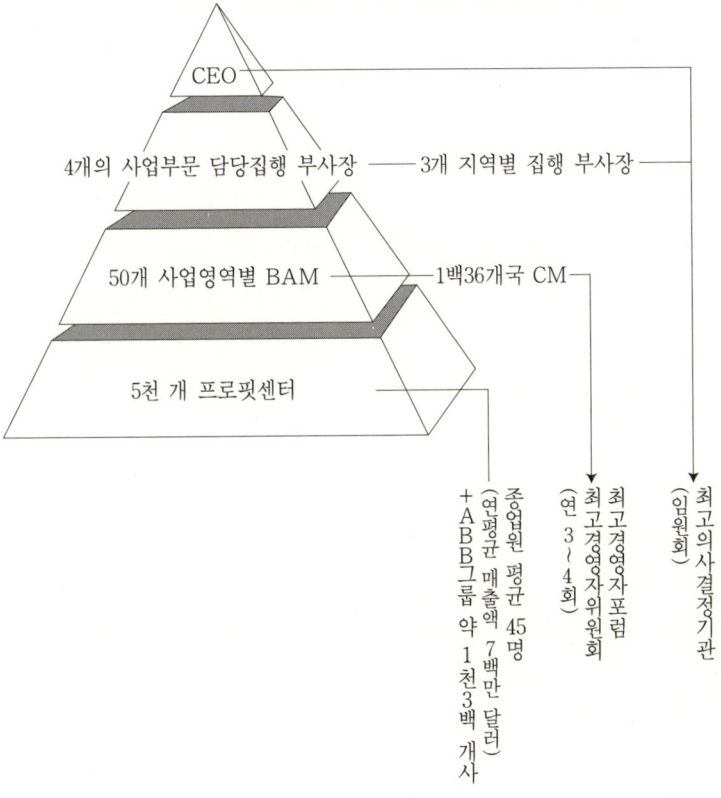

출처: ABB 홈페이지

우가 많다. 하지만 ABB에서는 의도적으로 사업영역을 소규모로 한정해 소수 스탭으로도 가능하게 하였다. 따라서 이곳에는 '큰 것이 좋은 것이다' 라는 평가축은 존재하지 않는다. 예를 들어 프로핏센터 하나의 규모는 종업원 50명 정도이다. 스위스 취리히의 본부조차 약 2백 명 정도의 직원밖에 없으며, 겨우 8명의 임원이 기업 방침을 모든 부분에 관통시키고 있다. 이렇게 상층부가 소규모라면 거대한 피라미드 조직을 연상할지 몰라도 계층은 겨우 4개에 불과하다.

ABB가 엄청난 수의 프로핏센터에 권한을 위양하면서도 하나의 조직구조를 유지할 수 있는 것은 합병한 지 겨우 2달 만에 구축한 매트릭스조직 때문이다. ABB는 우선 사업에 대해 장기적 관점을 가지고 각 지역에서 이루어지는 사업을 최대한 존중한다는 입장에서 '지역' (area)이라는 축을 만들었다. ABB에는 유럽·미국·아시아라는 세 개의 지역구분이 존재한다. 여기에 '사업' 별로 네 개의 단위를 조합시킨다. 일본에도 매트릭스 조직에 도전한 기업이 적지 않지만 많은 경우 의사결정이 복잡해진다거나 개개 단위의 이권이 얽혀 기대만큼 제 기능을 다하지 못했다. 그래서 매트릭스 조직은 '이상적인 조직구조' 라는 평가밖에 받지 못했다.

ABB가 국제적인 매트릭스 조직을 만든 목적의 하나는 '본사 소재지=사업의 중추'라고 판단하기 쉬운 조직인의 자존심을 배제하기 위해서였다. 실질적으로 권한을 이양하기 위해서는 책임 소재를 명확히 할 필요가 있다. 또 그러기 위해서는 상사는 소수로, 계층은 단순하게 만드는 것이 바람직하다. ABB가 매트릭스 조직을 만든 또 하나의 목적은 강력한 톱다운방식에 의한 목표달성이었다. 하지만 ABB는 한편으로 목표달성을 위한 '합의'도 필수적이라는 사실을 일찍부터 깨닫고 있었다. 목표달성에 관한 합의가 존재할 때 비로소 논리적인 설득도 가능하다.

ABB는 기업이념으로 제시한 '속도'를 경영의 모든 측면에서 가장 중시하고 있다. 그래서 초기 단계에 속도라는 이념에 따라 사업구조를 정비하고 지원하기 위한 정보시스템(ABACUS: Asea Brown Boveri Accounting & Communication System)을 빠른 시일 내에 구축하였다. 이러한 잇따른 조기의 노력 결과 ABB는 90년대에 들어와 GE 등과 나란히 주목을 받는 기업으로 성장한 것이다. 물론 순조로운 발전과 성공에 대해 약간 비판적인 시각이 존재하는 것도 사실이다. '평가에 오랜 시간이 걸린다', '버네빅 개인의 경영수완에 따른 성과이다' 등. 버네빅은 이를 비판이 아니라 ABB 사업의 취약성으로 받아들이고 성공이 단기간에 그치지 않도록 구조와 기준을 만드는 데 정력적으로 매달려 왔다. 토대가 되는 사업시스템을 대규모의 복잡한 조직에 정착시키기 위해, 애매함을 배제한 논리적인 경영컨셉인 식스 시그마 기법을 채용해 ABB에 반드시 필요한 경영기준을 창조하려 한 것이다.

5 영업활동을 6σ화한다 ── IBM

IBM은 1992년에 'IBM의 변혁─MDQ* 가이드북'을 발간하였다. 가이드북에서는 IBM의 가치관을 개인 존중, 최선의 고객 서비스, 완전성의 추구라는 세 가지로 규정하였다. 특히 품질의 중요성을 인식하는 데 커다란 영향을 미친 사례로는 '리코의 복사기 수정비용'(그림 52)이 있다. IBM은 MDQ를 통해 '고객의 종합 만족도를 업계에서 세계 제일로 한다'라고 선언하였다. 이 가이드북은 IBM 사원은 물론 고객, 사업 파트너, 동맹 파트너, 공급자 등 폭넓은 사람들에게 배포되었다.

IBM이 추진하는 MDQ의 기둥을 이루는 것이 식스 시그마 활동이다. IBM이 벌이는 식스 시그마 활동의 특징은 영업활동에도 초점을

MDQ(Market-Driven Quality) 목표
'고객의 기대에 부응하고자 IBM의 제품과 서비스가 세계 최고의 품질임을 보증하고 변혁을 통해 더욱 개선하겠다는 IBM의 공약'.('IBM의 변혁─MDQ 가이드북'〔The Transformation of IBM: A Market-Driven Quality Reference Guide〕)

맞추고 있다는 점이다.(그림 53) 고객에 대한 제안은 순간으로 끝나
버리는 것처럼 보이지만 사실 사전조사를 거친 첫번째 고객방문부터
고객 요구의 분석, 경합분석, 자사 제품의 차별성 명확화, 제안의 포인
트 압축, 핵심인물(key man)과의 사전논의, 기술적 과제의 해결, 제안
서 작성 등 많은 관련 부문에 막대한 공정수가 생긴다는 사실을 전제
로 한다. 1회의 잘못된 제안은 이 모든 프로세스에 들어가는 노력을

그림 52　1986년 리코 복사기 수정비용

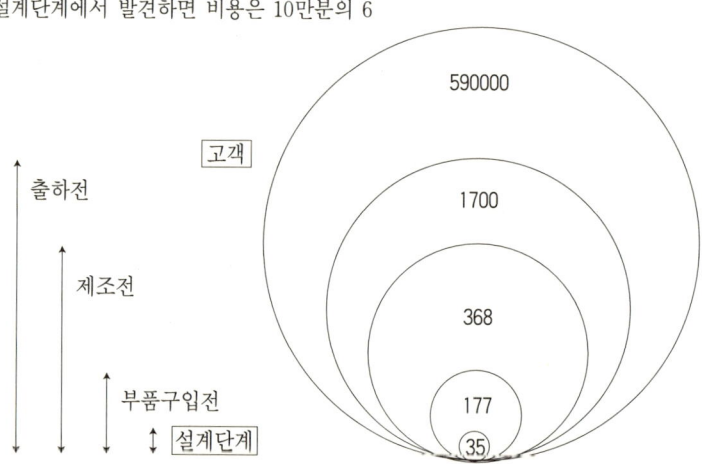

설계단계에서 발견하면 비용은 10만분의 6

고객
590000
1700
368
177
35

출하전
제조전
부품구입전
설계단계

출처: IBM 주주용 자료, 신문정보

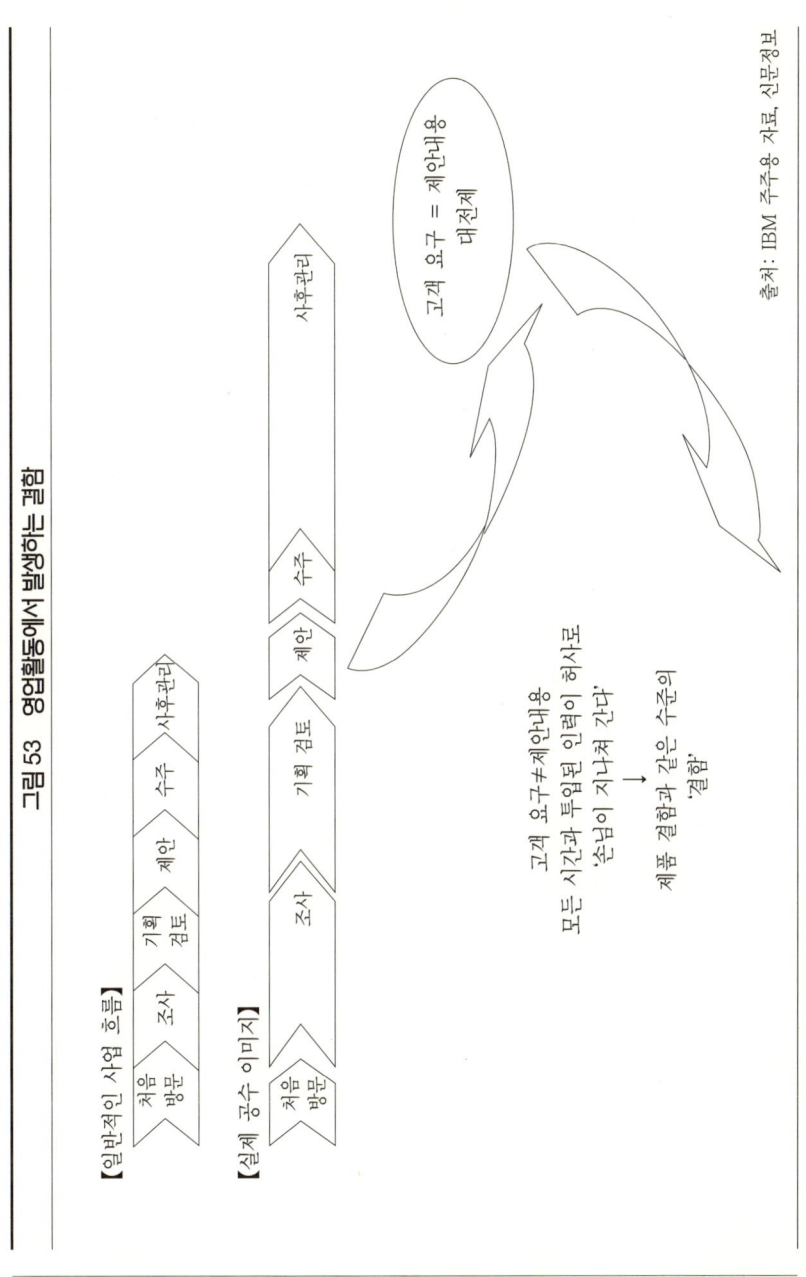

그림 53 영업활동에서 발생하는 결함

【일반적인 사업 흐름】

처음 방문 → 조사 → 기획 검토 → 제안 → 수주 → 사후관리

【실제 고수 이미지】

처음 방문 → 조사 → 기획 검토 → 제안 → 수주 → 사후관리

고객 요구＋제안내용
모든 시간과 투입된 인력이 허사로
순님이 지나쳐 간다
↓
제품 결함과 같은 수준의
'결함'

고객 요구 ≠ 제안내용
대전제

출처: IBM 주주용 자료, 신문정보

수포로 만들어 버린다.

IBM에서는 '고객이 (그냥) 지나쳐 간다'라는 표현으로 제안 내용이 고객의 니즈에 맞지 않은 경우를 '제품 결함과 똑같은 수준의 [결함]'으로 인식한다. IBM에서는 사원의 영업활동 결과를 평가하는 척도로 재주문, 칭찬 편지, 소개장, 경쟁에서 이긴 비율을 기록하고 있다. 이러한 평가척도는 구체성, 측정가능성, 목표설정의 수치화, 평가에 대한 직결성 등 '5-UPs'*라는 기준을 충족시킨 것이다.(그림 54)

이렇게 고객을 가장 중시하는 IBM이 영업활동에서 식스 시그마를

그림 54   5-UPs

---

① 고객의 관점에서 '결함'을 정의할 것

② 결함률을 기본 지표로 삼아 시그마값으로 표시할 것

③ 척도는 구체적일 것

④ 근본원인에 접근할 것

⑤ 직접 행동을 취할 수 있는 척도일 것

⑥ 고객의 가치기준에 따라 우선순위를 설정할 것

⑦ 고객만족도의 변화를 정확히 예측할 수 있는 척도일 것

5-UPs
고객의 요구를 충족시키기 위한 중요 요인을 수량화하고 수치의 향상 여부를 계속 평가하는 기법. 평가 항목은 5개가 아니어도 된다. 모토롤라의 품질개선운동에서 나왔다.

전개하고 있는 프로세스를 MAIC의 프로세스에 따라 소개하기로 한다. 우선 M(측정)의 단계는 VOC, 곧 고객의 목소리를 솔직하게 듣는데에서부터 시작한다. 높은 곳에서 고객을 굽어보는 자세를 버리고 '고객이 문제를 지적해 준다'라는 점을 철저히 인식하고 고객의 불만족 요인을 들어야 한다. 이때 주의할 점은 회사의 명함을 내보여서는 고객조사가 불가능하다는 사실이다. 왜냐하면 중립기관의 조사가 아니라면 고객에게 여러 가지 생각이 작용해 정확한 정보를 얻어낼 수 없기 때문이다. 물론 자사와 관계가 확립된 고객이라면 말하기 어려운 내용까지 포함해 여러 가지를 지적해 줄 것이다. 하지만 이런 고객은 일부에 지나지 않는다. 따라서 고객의 목소리를 수집하는 일은 CS 관련 조사회사에 맡긴다. IBM에서는 이 VOC 조사 결과를 통해 고객의 만족·불만족 요인을 기초통계량(분포·분산 등)분석, 상관분석, 회귀분석, 인자분석 등의 기법을 사용해 37개 요인으로 집약·추출했다.(그림 55)

이때 중요한 점은 집약한 요인과 그것을 관할하는 책임부문의 관계를 명확히 하는 것이다. 그렇다고 이것이 각각의 요인을 개별 업무에 적용시킨다는 뜻은 아니다. 문제해결은 회사 전체 차원에서 이루어져야 하므로 단순히 책임부문을 결정하는 것뿐 아니라 요인 추출 뒤에 회사 전체가 무엇부터 손을 대야 할지 우선순위를 매길 필요가 있다.

IBM에서는 이 프로세스를 자동화하기 위한 연구를 계속하고 있다.

그림 55   만족요인/불만족요인

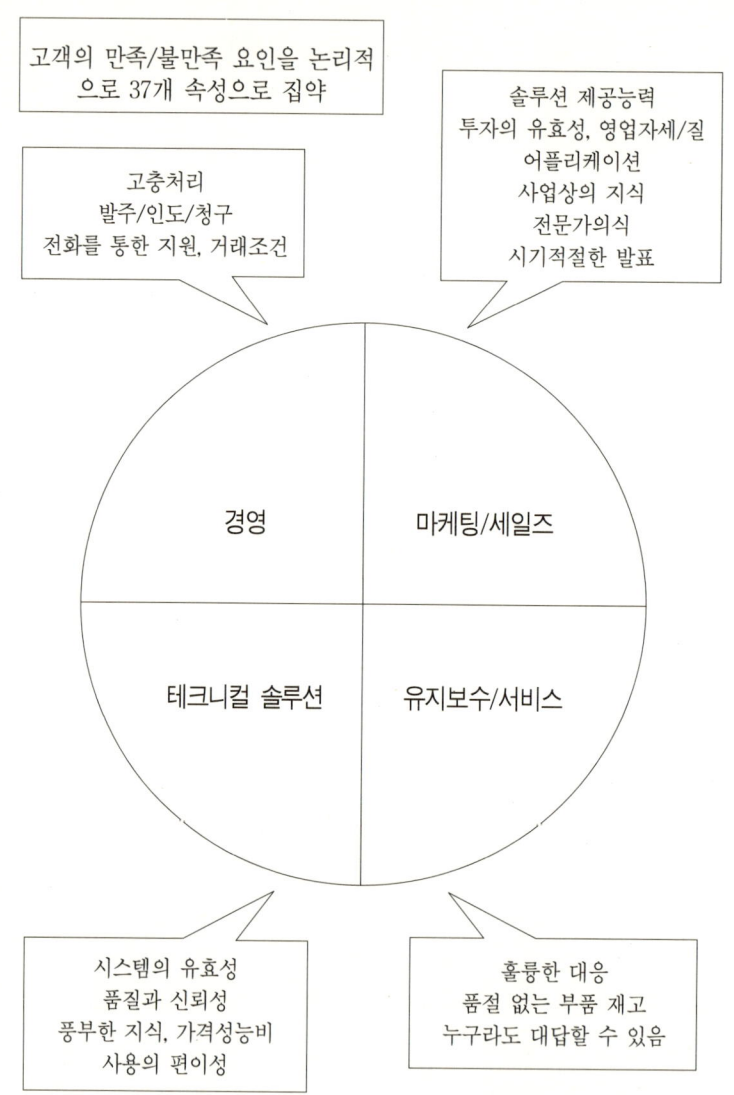

고객의 만족/불만족 요인을 논리적
으로 37개 속성으로 집약

솔루션 제공능력
투자의 유효성, 영업자세/질
어플리케이션
사업상의 지식
전문가의식
시기적절한 발표

고충처리
발주/인도/청구
전화를 통한 지원, 거래조건

경영

마케팅/세일즈

테크니컬 솔루션

유지보수/서비스

시스템의 유효성
품질과 신뢰성
풍부한 지식, 가격성능비
사용의 편이성

훌륭한 대응
품절 없는 부품 재고
누구라도 대답할 수 있음

출처: IBM 주주용 자료, 신문정보

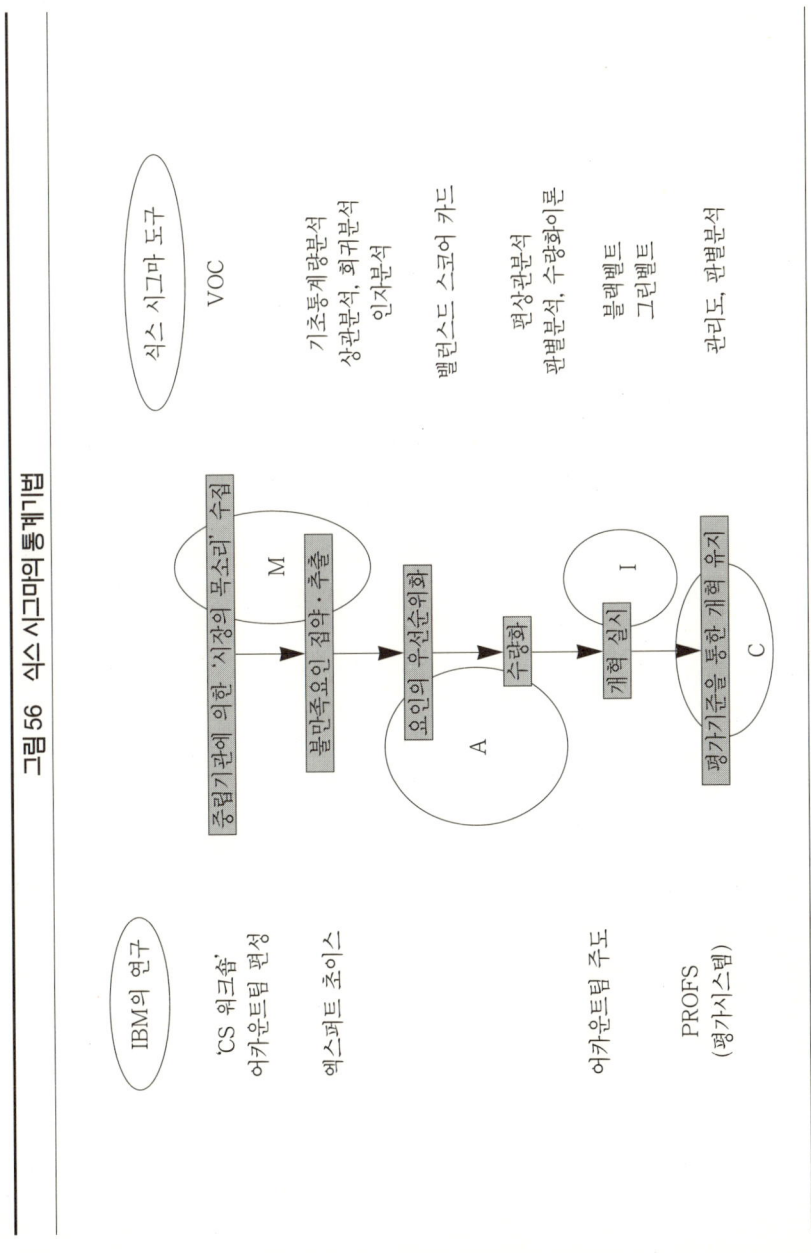

그림 56 식스 시그마의 통계기법

식스 시그마 도구

VOC

기초통계량분석
상관분석, 회귀분석
인자분석

밸런스드 스코어 카드

편상관분석
판별분석, 수량화이론

블랙벨트
그린벨트

관리도, 판별분석

M '중합기관에 의한 '시장의 목소리' 수집
불만족요인 집약·추출

요인의 우선순위화
A
수량화

I 개혁 실시

C 평가기준을 통한 개혁 유지

IBM의 연구

'CS 워크숍'
어카운트팀 편성

에스퍼트 조이스

어카운트팀 주도

PROFS
(평가시스템)

즉 하나 또는 몇 개 기업의 고객을 참가시켜 'CS 워크숍'을 열고 '엑스퍼트 초이스'(Expert Choice)라는 기법으로 의견을 집약하여 요인의 우선순위를 매기고 있다.(그림 56) '엑스퍼트 초이스' 기법으로 작업을 분담하기 위해 IBM에서는 '어카운트팀'(account team)이라는 이름의 조직도 만들었다. 어카운트팀이란 CS 워크숍 결과 중대한 문제점이 추출된 고객에 대해 창구노릇을 하는, 개선(I)에 해당하는 사람을 가리킨다. 따라서 그들은 식스 시그마 기법의 표준 패턴에 나오는 블랙벨트, 그린벨트의 혼성부대로 구성된다. 약간 오래 된 데이터이긴 하지만 1993년 현재 10개의 어카운트팀이 활동하고 있다.

　IBM에서는 어카운트팀이 주도하여 회사 CS 전략의 장단점을 수량적으로 분석(A)한다. 이때 효과적인 기법으로서 IBM에서는 '밸런스드 스코어 카드'(Ballanced Score Card)를 사용한다. 이 기법은 카플란과 노튼이 개발한 것으로(그림 57), 리드타임·상품력·품질·서비스라는 4가지 측면에서 '고객의 관점'을 밝히고 자사가 어느 분야에서 우위를 확보해야 할지를 명확히 한다. 또 개혁을 단행하거나 부가가치화할 필요가 있는 업무를 구체적으로 제시해 준다. 그리고 마침내는 기업의 전략 수립, 이익 공헌도, 주주평가 등을 분명히 알 수 있다. 이러한 검토 프로세스를 통해 고객의 요구가 가장 높은데도 회사로서는 가장 약한 분야에 초점을 맞추는 것이다. IBM은 이 기법을 웨스팅하우스로부터 배웠다고 한다. 밸런스드 스코어 카드에서는 편상관분

석, 판별분석, 수량화 I류, 수량화 II류, 수량화 III류 등 다변량 해석기법*
을 사용한다.

　　IBM의 어카운트팀은 분석(A)의 단계에서 설정한 평가기준에 따라
프로세스의 개선(I)을 실시한다. IBM에서는 나아가 그 뒤의 개혁 경
과를 4분기 단위로 평가하는 시스템도 개발하였다. 또 MAIC의 C(개
선 결과를 정착시키기 위한 관리)를 위임하기 위해 'PROFS'라는 시
스템을 사용한다. PROFS는 관리도·판별분석 등 통계기법을 이용하
여 관리단계를 효율화하는 구조로 되어 있다.

그림 57　밸런스드 스코어 카드

○밸런스드 스코어 카드 : '새로운 경영지표' (카플란/노튼)

① 고객은 어떻게 보고 있는가?
　　→ 리드타임, 상품력, 품질, 서비스
② 어느 분야에서 뛰어난가?
　　→ 우위를 이루는 '핵심'의 명시
③ 개선하거나 부가가치를 높일 수 있는 여지는?
　　→ 업무혁신, 레벨 업
④ 주주는 어떻게 보고 있는가?
　　→ 기업의 전략 수립, 실행의 이익증가공헌도

다변량 해석기법
사물의 현상은 많은 요인이 얽혀 생긴다. 그러므로 우선 요인간 관련성을 분석함으로써 유사성
을 가진 요인을 그룹으로 묶는다. 다음은 중대한 요인으로 압축시킴으로써 요인의 수를 줄이고
현상의 메커니즘을 분명히 한다. 대표적인 기법이 상관분석·인자분석·수량화이론 등이다.

유럽의 식스 시그마 활동
── 시브 PLC

시브(본사는 영국 윈저)는 총매출액의 92%를 해외에서 벌어들이며 전세계에 몇백 군데의 생산설비를 보유하고 있는 제어시스템과 자동화공장에 강한 영국의 복합기업이다. 시브는 몇 해 전에 재고 삭감을 목표로 린생산방식*을 도입했는데, 이것이 1996년 식스 시그마 기법을 도입하는 전 단계가 되었다. 시브의 식스 시그마 활동 관련예산은 첫 2년 동안 2천만 파운드에 이를 전망이다. 그리고 그 결과로 2000년까지 해마다 연간 5천만 파운드를 절약하려는 것이 목표이다. 그 방법으로 품질을 유지하는 데 필요한 코스트, 즉 폐기, 재조립, 조사, 보증에 들어가는 코스트를 25% 줄이려 하고 있다. 폐기·재조립 코스트의 삭감이 조사·보증 코스트를 떨어뜨린다는 시나리오이다. 어느 부문이

린생산방식
여분의 '지방 없는'(lean) 생산시스템. 군살을 제거한 생산시스템을 설계하기 위해 개개의 공정을 세부로 나누어 분석하고 철저한 작업효율화를 지향하는 생산방식.

매출의 10%를 품질 유지에 투입한다면 시브에서는 그것을 7.5% 정도로까지 줄이는 것이 바람직하다고 생각한다.

시브에서 식스 시그마를 '포교' 하는 총본산은 프리머스에 있는 랑코 컨트롤사(Ranco Controls)이다. 이곳에서는 식스 시그마 활동과 관련된 전문용어가 일상화되어 있는데, 식스 시그마 기법 이외에도 모토롤라를 본받아 도입한 린생산방식과 일본형 카이젠방식(KAIZEN)도 시험하고 있다. 프리머스 공장에 있는 몇몇 생산라인은 이미 6σ 수준에 도달했으며 나머지 라인이 뒤를 쫓고 있다. 최근의 조사에 따르면, 랑코가 거느린 6백 개사의 고객이 제기한 불량률은 1백만 개당 56개 부품, 곧 식스 시그마로 계산하면 5.4σ였다. 이 수준에 도달하기 위해 랑코는, 1천 명의 종업원을 5~8명이 한 조가 되는 '셀'(Cell)로 분해하고 각각의 셀을 '셀 리더'(Cell Leader)가 통솔하게 하였다. 이 회사는 1백~10만 개의 부품을 사용하여 약 2천8백 종의 제품을 만들고 있는데 각각의 셀은 자신이 담당한 제품에 관해 책임을 진다. 또 종업원은 각각 생산 프로세스에 공헌하도록 격려받는다. 요컨대 랑코에서 일하는 1천 명의 종업원 모두가 품질관리자인 셈이다. 이런 식으로 생산 프로세스 하나하나가 품질이라는 관점에서 계속 모니터된다. 공급자도 1백 점 만점으로 평가되어 각각의 신뢰성·유연성·효율성·품질 등에서 나타나는 문제를 개선하고자 랑코와 함께 노력하고 있다. 그 결과 랑코에 공급되는 원자재의 품질이 향상되었고, 여기에 자신을 얻은 시브는 다른 공장에도 똑같은 프로세스를 적용하기 시작하였다. 랑코에서 사용하는 기계는 자사의 이탈리아 공장에서 생산하는데 자사용 기계의 개발에는 적극적인 투자를 아끼지 않는다. 이는 정도(精度)가 높은 기계를 사용함으로써 불량 발생을 미연에 방지하는 편이 나중에 불량이 나와 수리하는 데 드는 코스트보다 낮기 때문이다. (랑코 제품의 70%는 외국으로 수출된다.) 또 자사에서 만든 기계의 효율이 매우 좋기 때문에 이를 도입하면 이전에는 9명이 하던 작업을 단한 명이 할 수 있기 때문이기도 하다. 랑코에서는 생산라인뿐 아니라 바야흐로 제품지원부문에서도 식스 시그마를 목표로 삼기 시작했다. 그 부문의 목표는 부단한 개선활동으로 랑코가 납품한 기계의 가동률을 높이는 것이다.

시브는 현재 영국과 이탈리아 두 군데에 냉장고 온도제어기를 제조하는 공장을 가지고 있는데, 그곳의 불량률은 1백만분의 10~16으로 대략 6σ 수준에 도달하였다. 또 일본에 있는 이 회사의 에어컨용 밸브 제조공장에서는 이미 6σ 기준에 도달했다. 이 일본 공장은 특별히 식스 시그마 기법을 도입해서가 아니라 몇 해 동안 일관되게 이른바 일본형 개선 기법을 실천해 온 결과 지금의 품질수준에 도달했다고 한다. 시브의 간부는 식스 시그마 기법만이 6σ의 품질수준에 도달하는 유일한 길은 아니라고 말한다. 랑코 컨트롤에는 현재 2명의 블랙벨트가 있는데, 이 공장에서 식스 시그마 활동의 성과가 두드러졌기 때문에 시브는 전세계적으로 식스 시그마 활동을 보급하기로 하였다. 이 목표를 실현하기 위해 시브는 자사 안에 식스 시그마 아카데미를 설립하였다. 그리고 나아가 2백40명의 블랙벨트를 양성하여 시브 그룹 1백50개사에 배치할 예정이다. CEO인 알렌 야코에 따르면 식스 시그마 활동을 통한 시브의 목표는 제조, 설계, 또 사무작업을 불문하고 1백만 회의 프로세스당 에러 회수를 0에서 3회 이내로 억제하려는 것이다. 만약 이 정도 수준의 에러율을 달성한다면 시브의 매출액당 결함률은 현재의 4%에서 1%로 떨어진다. 시브는 식스 시그마 활동에 필요한 요원을 훈련시키는 데 약 2천만 파운드나 쓰고 있지만, 이 활동을 통해 초효율적인 제조업체만이 들어갈 수 있는 세계적 엘리트집단의 일원이 되는 것을 염두에 두고 있다.

(*COMPUTERGRAM*, 5/30/97, *Western Morning News*, 8/21/97, *Financial Times*, 2/24/97, *Daily Telegraph*, 12/4/96)

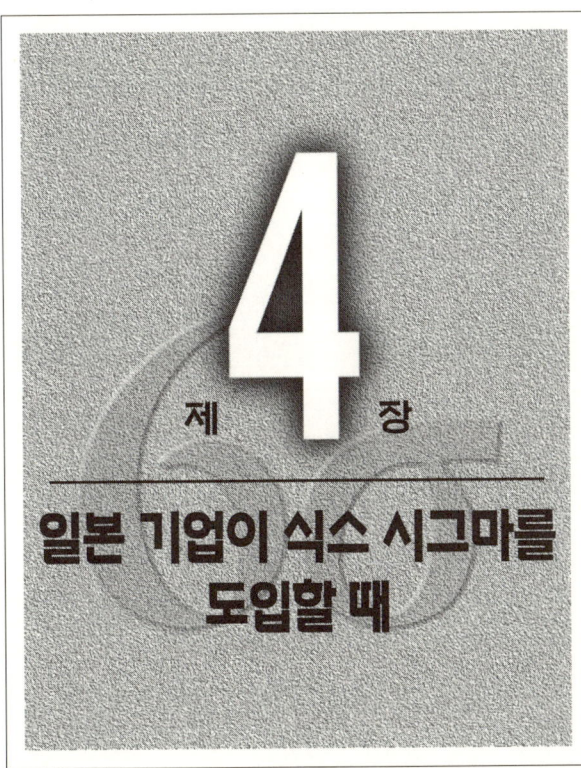

제 **4** 장

일본 기업이 식스 시그마를
도입할 때

이 장에서는 일본 기업의 현재 경영풍토와 식스 시그마 기법의 적용으로 그것이 어떻게 변화할지에 관해 고찰한다. 고찰 방법은 개선대상에 대한 접근방식, 목표설정방식, 경영관리수준의 차이 등 세 가지에 초점을 맞추어 각각의 '일본식 경영풍토' 를 '식스 시그마 기법을 적용했을 때의 변화' 와 비교하며 설명한다. 그리고 이 장 말미에는 일본 기업이 식스 시그마 기법을 도입할 때 주의할 점을 이야기한다.

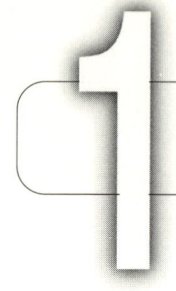

개선대상에 대한 접근방식
— '두더지 두들기기' 대 '프로세스 중시'

'원인 규명'이란 무언가 나쁜 사태가 발생했을 때 자주 사용하는 단어 가운데 하나이다. 일본 기업이 저지르기 쉬운 실패의 하나는 사실이 원인 규명의 프로세스에 있다. 지금까지 일본 기업에서는 미스나 에러의 원인을 규명할 때 현상 그 자체를 매우 잘게 분할 관찰하는 데에서 시작했다. 이는 흡사 경찰의 감식작업처럼 면밀하기는 하지만 기본적으로 미스나 에러가 발생한 부분의 한 지점만 파고드는 것이다. 미스나 에러에 대한 이러한 접근방식을 '두더지 두들기기'형이라고 부르기로 하자. 기업활동에서는 '두더지 두들기기'형 접근방식처럼 문제를 한 지점으로 좁혀 개선하려는 노력을 부분 최적화라고 한다. 하지만 오늘날 기업활동은 매우 복잡해져 특정 분야의 최적화가 전체적으로는 오히려 바람직스럽지 않은 사태가 되는 경우도 많다.

　국민성 때문인지 일본에서는 경영뿐 아니라 정치기법에서 가정 문제의 해결법에 이르기까지 대증요법*에 치우치는 경향이 있다. '두더지 두들기기'로 치닫는 이유로는 대증요법은 본질적인 문제를 시간을 들여 고민하고 현상을 분석하고 그를 위한 정보를 수집한다는 번거로움이 없기 때문인 것으로 보인다. 또 '두더지 두들기기'에 의한 원인 규명을 칭찬하는 풍토 때문에라도 현장 담당자는 눈앞에 보이는 것만 개선하려 들게 된다. 게다가 담당자에게는 표면적이건 어떻건 답이 나와야만 동기부여가 될 때도 있다. 하지만 이것은 나쁘게 말하면 억지로라도 답을 이끌어 내려는 풍토를 기르기 쉽다. 이렇게 '두더지 두들기기'형 접근방식에서는 개혁과 개선이 표면적인 데 머무르고 단기적인 결과에만 초점을 맞추기 때문에 개선활동도 개인 차원에 머물러 표준화된 해결방법을 회사 전체의 노하우로 축적하기 어렵다.

　'두더지 두들기기'형 접근방식에 비해 식스 시그마 기법은 '프로세스 중시'형 접근방식이라고 할 수 있다. 미스나 에러의 발생으로 우리가 프로세스에 내포된 문제를 알아낸다 해도 그것이 가장 먼저 개선해야 할 목표는 아니다. 중요한 것은 프로세스이다. 미스나 에러는 해결해야 할 과제를 비추어 주는 '거울'과 같은 역할을 한다는 것이 식

대증요법
표면에 드러난 증상만을 처치하는 것. 잠재적 과제(병)를 해결하는 것은 아니다.

스 시그마 기법의 관점이다.

따라서 미스나 에러가 발생한 단계에서 당장 프로세스 전체를 재검토하여 미스나 에러를 발생시킨 '원인'에 먼저 메스를 댄다. 식스 시그마 기법처럼 프로세스 전체의 최적화를 추구하는 방식을 전체 최적화라고 한다. 이렇게 식스 시그마는 효과적이고 효율적으로 본질적인 과제에 접근할 수 있는 기법이다. '나무를 보고 숲은 보지 못한다'는 말처럼 이따금 발생하는 미스나 에러를 과장해 볼 것이 아니라 그것은 어디까지나 '거울'에 불과하다는 사실을 인식할 필요가 있다. '거울'에 비친 본질, 즉 프로세스의 문제점을 파고들어 전체 최적화라는 관점에서 문제해결에 노력하는 것이 사업에 커다란 성과를 가져다 준다.

사업 전체의 프로세스에 메스를 대는 식스 시그마 기법의 절차가 MAIC라면 QC에는 PDCA*(Plan→Do→Check→Action)라는 사이클이 있다. 사이클이라는 의미에서는 마찬가지이지만 PDCA에는 MAIC의 M(측정)과 A(분석)라는, 현상과 표준의 비교/검증의 관점이 부족하다. 식스 시그마 활동을 전개하기 위해서는 현상의 일시적 해결이 아니라 그 속에 숨은 프로세스의 문제를 해결해야 한다는 관점과 강력한 신념이 필수적이라는 사실을 이해해야 한다. 이 점에서 품질관리 기법의 태두 에드워드 데밍 박사*가 제창한 PDSA 사이클에는 PDCA에 결여된 M(측정)과 A(분석)라는 관점이 잘 담겨 있다. PDSA 사이

PDCA
개선을 실천하기 위해 수행하는 일련의 활동. Plan(설계 · 계획), Do(생산), Check(판매), Action (조사).
에드워드 데밍 박사
군용설비 · 부품의 높은 불량률에 놀라 품질향상 프로그램을 만들어 불량률을 경이적으로 개선했다. 그 뒤 민간에도 품질의 중요성을 역설하였고, 특히 일본 기업의 품질향상에 이바지하였다. 산업계에서는 데밍상으로 유명하다.

클은 Plan(계획), Do(시험실시), Study(검증), Act(수정)라는 4단계로 이루어진다. 이 사이클은 관리자가 프로세스를 개선·개혁하는 것을 도와 마침내는 고객의 요구와 프로세스의 능력 사이의 격차를 줄여 준다. 데밍 박사가 최초로 소개한 사이클이기 때문에 데밍 사이클이라고도 부른다. 이 사이클은 표준적인 베스트 프랙티스 기법을 개선·혁신하기 위한 계획을 수립(Plan)하는 데서 시작된다. 이 시점에서는 플로우 차트 등의 도구를 이용하기도 한다. 이 계획은 소규모로 또는 시험적으로 이루어지며(Do), 그 결과는 검증되고(Study), 적절한 수정작업(Act)이 이루어진다. 이러한 수정작업을 통해 계획은 다시 변경되며 점차 세련되어진다.

PDSA 사이클은 계획단계(Plan)에서 플로우 차트를 가지고 개선을 시작하기 위한 이론을 시각화할 것을 요구한다. 다른 사람이나 다른 조직이 PDSA 사이클을 도입해 성공했다고 해서 나도 성공하리란 법은 없다. 예를 들어 시스템 A에서 떼어낸 하나의 부품이 시스템 B의 흐름 속에서도 잘 기능하리라 기대하는 것은 합리적이지 않다. 마찬가지로 시스템 A에서 성공한 이유가 시스템 B에도 해당되리란 법은 없다. 따라서 모방(벤치마킹)의 대상이 된 시스템의 환경을 깊이 이해하지 못하고 그저 모방만 한다면 부품의 오용, 급기야는 PDSA 사이클의 오용을 불러 올 위험성이 있다. PDSA 사이클의 계획단계(Plan)

에서는 앞으로 무슨 일이 발생할지(계획의 가정) 예측해야 한다. 예측이 실현되기 위해서는 계획의 대상이 되는 프로세스가 반드시 산포의 정도가 낮고 안정적이어야 한다. 그리고 결과적으로는 PDSA 사이클이 빠른 시일 안에 되풀이되어야 한다. 끊임없는 개선을 향한 진화과정에서는 PDSA 사이클 또한 영원히 계속된다.

목표설정방식
─ '꿈' 대 '비전'

　'꿈은 이루지 못한 과거의 기억이다' 라는 말이 있듯이, 경영에서 꿈과 비전은 별개의 것으로 받아들여야 한다. 예를 들어 가정용 VTR 시장에서 세계를 석권한 일본 기업의 성공 요인은 한편으로는 기술력이지만 사실은 집념이 성공을 불러 왔다고들 말한다. 하멜&프라할라드*은 이 집념을 '전략적 의도'(Strategic Intent)(그림 58)라고 부른다. 오늘날에는 가정용 VTR의 보급률이 80%를 넘지만 미국의 안펙스(캘리포니아 주 레드우드)가 그것을 개발한 당시(60년대 초)에는 대당 가격이 2천5백만 엔이나 하는 고가품이었다. 하지만 당시 VTR 재생기를 본 일본 기술자들의 감상은 '가격을 두 자리수 아래로 낮추면 승산이 있다' 는 것이었다. 직후 그들의 발언을 전해 들은 안펙스의 기

하멜 & 프라할라드
'core competence' concept 제창자로 유명. 게리 하멜은 런던 비즈니스 스쿨 교수. C. K. 프라할라드는 미시간 대학 비즈니스 스쿨 교수(전략론).

그림 58 전략적 의도

○ 유럽과 미국, 일본 기업의 성공과 실패를 분석하여 얻은 결론

> 과거 20년 동안 세계의 지도적 자리에 오른 기업은 언제나 자사의 경영자원과 능력보다 훨씬 크고 원대한 야망을 품고 창립되었다.
>
> 그리고 이들 기업은 조직의 모든 계층을 통해 지도적 기업이 되겠다는 집념을 불태웠고, 10~20년 동안 그 집념의 불을 계속 불태워왔다. 우리는 이것을 전략적 의도라고 부른다.

○ '전략적 의도' 란?

1 자사가 달성하고자 하는 지도적 지위를 상정해 놓고 그것을 얼마나 실현했는지 측정할 기준을 정한다.

2 전략적 의도는 단순히 '추상적인 야망' 이 아니라 다음과 같은 경영 프로세스를 포함한다.

　① 승리의 본질에 조직의 관심을 집중한다.
　② 조직 목표라는 가치관을 토대로 사원의 동기부여를 자극한다.
　③ 개인과 팀이 이바지할 수 있는 여지를 남긴다.
　④ 환경의 변화에 따라 새로운 업무를 재정의하여 전략적 의도에 대한 정열을 지속시킨다.
　⑤ 전략적 의도를 경영자원의 배분 기준으로서 활용한다.

출처: 하멜&프라할라드 '일본 기업의 세계 전략 성공의 비결 전략적 의도'
《다이아몬드 하버드 비즈니스》 1989년 11월호

술자들은 그 말을 현실과 괴리된 단순한 칭찬의 말로 받아들였다. 그리고 두 자리수나 가격을 내려 발매한 제품을 실제로 눈으로 보기 전까지는 도저히 실현불가능한 이야기라고 생각했던 모양이다. 이렇게 매우 혁신적인 반면 한 걸음만 잘못 내딛어도 허세로 끝나 버리는 비전과 의도가 바로 전략적 의도이다. 하지만 이것은 비전이지 꿈은 아니다. 양자의 차이는 굳센 의지를 가지고 행동을 수반하는가 아니냐이다. 꿈을 꾸는 것은 나쁜 일은 아니지만 우연에 의존해서는 회사를 경영할 수 없다.

  기존에는 '제로 디펙트'(Zero Defect)*를 업무개선 목표로 설정하는 데 어느 누구도 이의를 제기하지 않았다. 하지만 마음속으로는 누구라도 불량품 '제로'는 궁극적인 목표이기는 하지만 꿈에 불과하다고 생각하지 않았을까? '제로'와 '1백만분의 3.4'는 숫자상으로는 큰 차이 없지만 QC와 식스 시그마 기법의 가장 큰 차이점이다. QC에서는 불량 제로, 미스 제로, 에러 제로가 목표이다. 수학의 '제로'가 뜻하는 바는 당연히 '무'(無)이다. 수학은 '제로'의 발견으로 비약적인 진보를 거두었기 때문에 '제로'가 매우 중요하지만 품질관리의 목표값으로서 '제로'는 꿈에 불과하다. 영속적인 성장을 추구하려면 '조금만 더'라는 상태를 지속할 필요가 있다. 이렇게 생각하면 목표는 실현할 수 있는 것이어야 하며 현장에서의 목표는 더욱더 그러하다. 궁극적인

제로 디펙트(Zero Defect, ZD)
무결점. 불량품·결함률이 '제로'인 상태 또는 그것을 지향하는 개선활동(ZD).

목표만 가지고는 계획도 세울 수 없거니와 달성감도 느낄 수 없고 공유화는 물론 불가능하다. '우량기업이 되자' 라는 목표를 설정해도 '우량'의 척도가 불분명하면 사원은 내일 당장 무엇을 해야 할지 고민하게 된다.

  그런데 조직의 비전을 명확히 세운 기업은 계층의 상하를 불문하고 모두가 공유할 수 있는 수치목표를 세우기 시작한다. 예를 들어 GE에서는 웰치 회장의 강력한 지시 아래 사업 도메인*에 관해 '업계 1,2위를 지향한다' 고 명시했다. 이것은 거꾸로 말하면 '1,2위가 되지 못하고는 사업이 존속할 수 없다' 라는 뜻이다. GE는 명확한 목표설정과 함께 사원에게 필수적인 위기감을 키우는 일도 성공했다고 할 수 있다. 웰치가 목표를 달성하기 위해 가장 중시한 것이 '목표의 공유' 이다. 공유도 한때 업계에 유행처럼 번진 말이지만 웰치가 제시한 '업계 1,2위' 는 숫자에 의한 구체적인 목표치이다. GE에서는 공유화라는 슬로건을 내걸지 않아도 경영목표가 이미 공유되고 있다. 웰치는 10년에 걸쳐 '공유화를 의식하지 않는 공유화' 를 실현한 것이다. 그리고 이를 더욱 강화해 주는 관점이 식스 시그마 기법이다.

  식스 시그마 기법은 절대 '제로' 를 목표로 삼지 않는다. 에러율, 미스율 제로와 0.00034%의 차이는 크다. 차이가 크다기보다는 전혀 별

사업 도메인(domain)
영토, 영역, 경영분야/활동에서 '도메인' 은 사업영역, 본업을 말한다.

개의 컨셉으로 보는 편이 나을지 모른다. 0.00034%는 제로에 극히 가까운 수치이지만 '제로 목표'보다 훨씬 달성률이 높다. 허들은 여전히 높지만 경영관리활동에서 구체적인 목표(비전)로 눈에 들어온다. 우리는 보이지 않는 허들을 찾아 우왕좌왕하는 상태에서 하루바삐 벗어나야 한다. 통계학적으로 제로를 목표로 삼으면 논리식이나 계산식이 성립하지 않지만 0.00034%라면 그것을 실현하기 위한 프로세스를 시작할 수 있다. 식스 시그마 기법은 웰치가 실천해 온 목표의 공유를 더욱 구체적인 활동 차원으로까지 확대할 수 있는 기법이다. 따라서 세상이 '과연 다음에는 무엇일까'라고 주목해 온 웰치의 GE가 식스 시그마 활동에 흥미를 가지고 막대한 경비를 투자해 회사 전체에 적용하기 시작한 것은 매우 자연스러운 과정이라고 할 수 있다.

3 관리수준의 차이 — '이심전심' 대 '과학적 관리'

　기업경영상의 의사소통에서 '이심전심'이 통하는 것이 일본 기업의 특징이다. 말로 하지 않아도 상사가 부하에게 하고 싶은 이야기가 전달되는 경영풍토는 만약 그것이 제대로 기능한다면 하나의 유력한 경영스타일이라고 볼 수 있을 것이다. 예를 들어 가만히 있어도 최고 책임자의 사업 비전이 간부들에게 정확히 전달되고 간부는 거기에 입각해 사업계획을 짠다. 간부가 만든 사업계획의 핵심은 순식간에 부문의 목표로 정착된다. 이렇게 이심전심이 잘 통하면 경영에 커다란 힘이 될 것이다.

　하지만 현실은 그렇지 못하다. 사람관계에는 많든 적든간에 생각지 못한 오해와 착각이 생기게 마련이다. 그리고 중요한 국면에서 이러한 오해가 생긴다면 치명적인 문제로 발전하기 쉽다. 이심전심에 의한 '암묵중의 이해', '공공연한 비밀'은 아마 구미 기업이 지금까지 제대로 파악하지 못한 일본식 경영의 핵심요소일 것이다. 글로벌화와 기업윤리가 강력한 힘을 발휘하고 있는 오늘날에조차 일본 기업의 지휘계통에서는 좋은 의미건 나쁜 의미건 이심전심이 회사의 방향에 커다란 영향을 미치고 있다. 시대의 최첨단을 걷는 벤처기업에서조차 그러하다. 중대한 국면에서 이심전심이 신속한 의사결정을 낳고 그것이 성공을 가져온 경우도 꽤 많지만, 구미 기업에서는 그것을 우연의 산물이라고 평가한다.

실제로 우리는 컨설팅을 통해 이심전심식의 의사결정이 원인이 되어 과거의 모든 노력을 수포로 만든 사례를 수없이 보아왔다. 1997년에 빈번했던 대기업의 도산, 브랜드 이미지의 실추에는 이러한 의사소통의 문제점이 다분히 내재되어 있었다고 생각한다. 국경을 뛰어넘어 치열한 경쟁이 이루어지고 단 한번의 커다란 실패가 원인이 되어 대기업조차 시장에서 퇴출당하지 않을 수 없게 된 오늘날 윤리성 · 과학성에 비중에 두는 것은 당연한 일이다. 인재조차 국경을 뛰어넘어 오가는 지금, 일본인끼리만 통하는 의사소통 방법만이 능사는 아니다.

이심전심으로 암묵의 이해를 깔고 있는 관리기준을 기업의 행동지침으로 사용하는 것은 너무 위험하다. 따라서 앞으로는 과학적 프로세스를 거쳐 관리기준을 설정해야 한다. 식스 시그마 기법은 미스나 에러를 기준으로 프로세스의 상태를 판단한다. 이때 판단기준이 되어야 할 프로세스 자체가 늘 불안정하다면 식스 시그마의 관점에서는 아무런 대처도 할 수 없다. 왜냐하면 불안정한 프로세스에서는 그때마다 문제점이 달라지기 때문에 어디에 문제가 있는지 특정하기 위한 기준을 찾아낼 수 없기 때문이다. 따라서 안정된 프로세스 모델이 존재하는 것이 식스 시그마 기법 도입의 대전제이다. 실제로 프로세스가 안정되어 있지 않은 대부분의 기업에서는 불량률이 높고 품질관리가 제 기능을 다하지 못한다. 나쁘게 말하면 제품이 완성된 뒤 검사를 해야만 비로소 정품인지 불량품인지 알 수 있을 정도이다. 이런 경우 심하게 말하면 도박으로 제품을 만들고 있는 것과 같다. 이러한 관점에서 보면 '수공업'처럼 식스 시그마 기법을 도입하기에 부적당한 업종도 있다. 직인이 단청을 입혀 하나하나 만드는 물건이라면 프로세스와 아웃풋이 저마다 독특하기 때문에 똑같은 제품을 두 번 만들 수 없다. 이런 업종에서는 식스 시그마 기법이 통하지 않는다.

하지만 '우리 회사는 접객업으로서 항상 고객에게 발맞춘 최고의 서비스를 제공하고 있다. 따라서 그때 그때 서비스의 내용이 다르기 때문에 식스 시그마 활동의 대상이 될 수 없다'라고 생각하는 것은 잘못이다. 그래도 사업인 이상 고객은 달라져도 기본적으로 같은 서비스가 반복되기 때문이다.

식스 시그마 기법의 대상 업종인가 아닌가 하는 판단기준은 '업무 매뉴얼'을 만들 수 있는가 없는가이다. 업무 매뉴얼을 만들기 위해서는, 업무 프로세스가 어느 정도 정형성을 가지고 있으며 모든 사람이 그것을 공통으로 인식하고 있어야 한다. 맥도널드의 서비스 매뉴얼은 다시 말해 표준작업에 관한 철저한 정의를 모아 놓은 책이다. 이러한 표준작업, 업무수행 절차, 서비스 순서 등의 매뉴얼이 정비되어 있지 않은 기업이나 현장에는 식스 시그마 기법을 도입할 인프라가 정비되어 있지 않은 셈이다. 여기서 말하는 매뉴얼이란 제본된 훌륭한 자료를 뜻하는 것이 아니다. 겉모습이 아니라 내용이고, 경우에 따라서는 문장이 아니어도 상관없다. 구태여 어떤 형태를 갖추고 있지 않더라도 인식과 이해·업무방식을 공유하고 있으면 식스 시그마 기법은 그 효과를 발휘한다. 요컨대 프로세스를 과학적으로 관리하는 기업만이 그 효과를 누릴 수 있다. 이러한 의미에서 식스 시그마는 '성인의 기법'이라고 불러도 좋을 것이다. '성인' 기업이란 과학적 관리를 도입할 소지가 있는 기업이지 규모가 크거나 역사가 오래 되었다고 모두 성인 기업이라고 말할 수 없다.

4 일본 기업이 식스 시그마를 도입할 때 주의할 점

식스 시그마 기법은 지금까지 일본적 경영의 성역으로 미국 기업이 손을 대지 못했던 소집단활동과 같은 영역에까지 연구를 확대하여 일본 기업에 도전하는 수단이다. 구미 기업은 이 소집단활동을 톱다운으로 공식적·조직적으로 실현하려 하고 있다. 공식화와 조직화는 그들이 자랑으로 삼는 영역이다. 구미 기업이 만들어 낸 식스 시그마 기법에서는 일본판 소집단활동 컨셉을 공식화·조직화·톱다운화하기 위한 연구를 읽을 수 있다. 일본 기업에서는 좋은 의미든 나쁜 의미든 모두 '열심히 하자!'가 통하지만 인종이 다양한 구미 기업에서는 '회사를 위해'(=회사 전체 최적화), '서로 협력하자'(=팀 활동=조직화), '배려하자'(=암묵의 이해)라는 말은 기대할 수 없다. 따라서 식스 시그마 활동에서는 납득하고 공유할 수 있는 구체적 목표(=6σ라는 수치), 애매함을 배제한 논리성(=통계기법)에 중점을 둔다. 지금은 일본도 서구화되어 사고방식이 다양해졌기 때문에 일본 기업도 목표를 공유하기 위한 지표로서 식스 시그마 기법을 활용할 수 있다.

또 이 식스 시그마 기법을 사용하면 일본과 언어, 종교, 생활습관, 가치관이 다른 발전도상국에 생산시스템을 구축하는 일도 아주 단순화된 시스템설계의 문제로서 해결할 수 있다. 따라서 생산 프로세스의 사전평가, 생산 초기 유동시간의 단축, 고품질 레벨의 조기달성/유지 등이 가능해진다. 하지만 구미 기업이 일본 기업과 비교할 수 없을 만큼 글로벌한 시장에서 경험을 닦았다고 생각하면 발전도상국 시장은 눈 깜짝할 사이에 식스 시그마 기법으로 무장한 구미 기업의 독무대가 될지도 모른다. 이러한 의미에서라도 일본 기업은 하루빨리 이 기법을 연구해야 한다. 전략성, 재무적 관점, 개선 지향을 갖추고 인프라까지 정비한 구미 기업은 이제 다음 단계를 모색하기 시작하였다. 교통・정보통신기술의 혁신적 발전에 의해 지리적・물리적 거리와 국가의 개념이 사실상 무의미해지고 있는 오늘날, 국제적 표준(global standard)으로의 전환은 이후의 기업경쟁에 필수적인 요소가 되고 있다. 그리고 식스 시그마는 경영혁신 기법에서 이러한 국제적 표준의 지위로 급속히 떠오르고 있다.

식스 시그마 기법이 가진 최대의 강점은 목표설정이다. 물론 그렇다고 해서 사업전략을 수립하거나 기업 차원의 목표를 설정할 수 있다는 뜻은 아니다. 하지만 경영자가 일단 기업 차원의 목표를 설정하면 식스 시그마 기법의 위력이 유감 없이 발휘될 것이다. 그림 59를 참조하기 바란다. 지금 이익의 확대가 사업목표의 최우선 과제라고 설정했다면 다음에는 이익 확대를 달성하기 위한 전략수단을 검토하게 된다. 그 전략수단은 하나가 아니다. 세그먼테이션*을 재검토하여 현재의 고객이 아닌 좀더 매력적인 고객층을 표적으로 삼을 수도 있다. 또 현재 수익을 저해하는 것이 적자사업이라면 거기에서 철수하는 것이 이익 확대에 도움이 될 것이다. 따라서 이익 달성의 수단은 이렇게 수없이 많다는 점을 알게 된다.

세그먼테이션(segmentation)
시장 세분화. 기호와 성격이 다른 소비자로 구성된 시장을 각종 변수(segmentation key)로 구분하는 것. 세그먼테이션한 개별시장을 세그먼트라고 한다.

그림 59 식스 시그마를 활용한 목표설정의 예

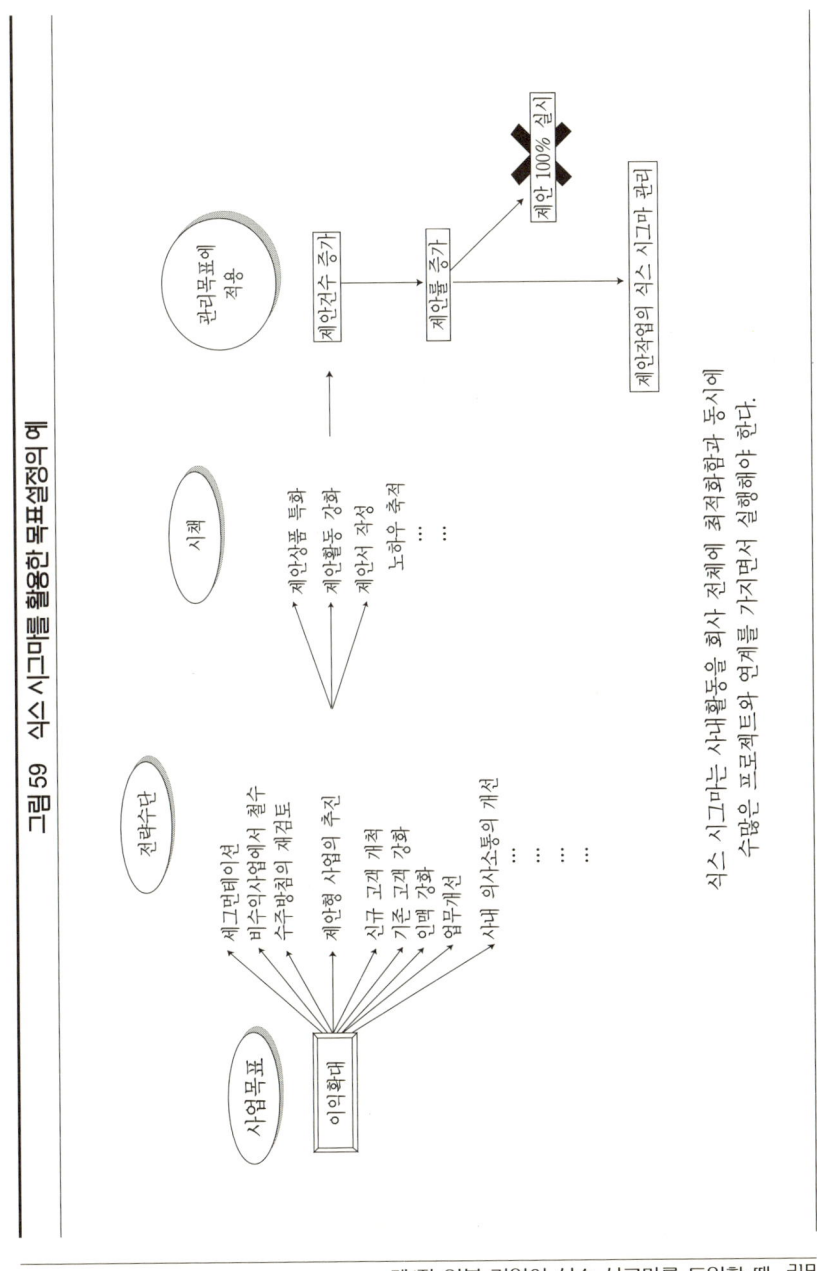

식스 시그마는 사내활동을 회사 전체에 최적화함과 동시에
수많은 프로젝트와 연계를 가지면서 실행해야 한다.

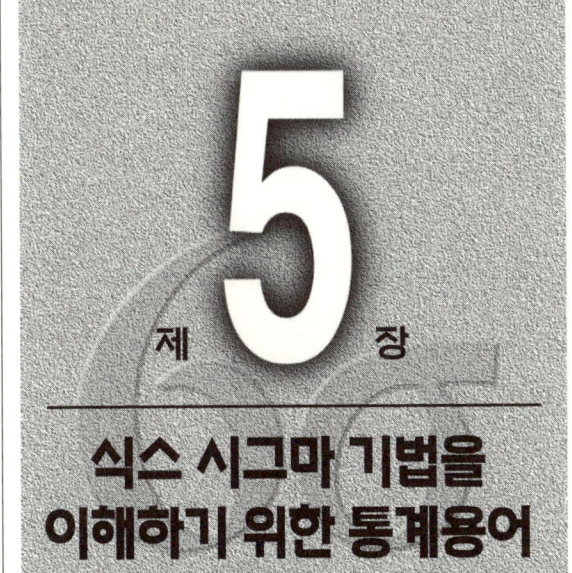

5

식스 시그마 기법을
이해하기 위한 통계용어

여기에서는 식스 시그마의 컨셉을 이해하는 데 최소한 필요한 통계용어를 설명한다. 또 엄밀한 통계학상의 정의는 생략하고 용어가 가진 컨셉을 이해하는 데에만 주력하였다. 따라서 엄밀한 정의 등이 필요하신 분은 전문 통계서적을 찾아 읽기 바란다.

● 확률

이 책의 서두부터 계속 나오는 6σ의 정의, '1백만 회당 3.4회의 미스나 에러'가 나오는 확률이다. 확률을 설명하는 데 가장 많이 사용하는 것은 주사위의 예일 것이다. 노름꾼이 사용하는 주사위의 예는 차치하더라도 보통의 주사위를 던져 1이라는 숫자가 나올 확률은 6분의 1이다. 동전을 던졌을 때 앞면이 나타날 확률은 2분의 1이다. 다음으로 관점을 바꿔 생각해 보자. 주사위를 흔들었을 때에 나올 가능성이 있는 숫자, 즉 1에서 6까지 6개의 숫자를 사상(事象)이라고 한다. 따라서 확률은 '1/사상의 수'라고도 할 수 있다. 동전의 경우에는 앞면이나 뒷면 두 개가 사상이므로 확률은 2분의 1이 된다. 그러면 주사위에서 짝수가 나올 확률은 얼마일까? 사상의 수는 6이고 그 가운데 짝수는 2, 4, 6 세 개의 경우이므로 확률은 '3/6 = 1/2'이 된다. 결국 2회에 1번, 또는 0.5의 확률로 승부가 결정된다.

6σ의 확률, 1백만분의 3.4는 프로야구의 포볼수에 견주면 다음과 같다. 프로야구에서는 한 팀이 연간 1백35번의 시합을 하는데 투수가 한 시합당 총 40명의 타자에게 1타석당 5투구를 한다고 가정하자. 여기서 어떤 구단이 포볼 박멸운동을 벌여 6σ의 포볼수를 달성했다면 이 구단이 상대팀에게 포볼을 줄 확률은 12년에 한 번이라는 경이적인 수준이 된다. 그런데 이러한 구단과 싸운다면 거꾸로 타자가 안심하고 타석에 들어가므로 상대팀의 안타수가 늘어날 수도 있다. 그러면 6σ 수준의 포볼수는 거의 불가능한 수치인 반면 팀의 승률에 반드시 기여한다고 할 수는 없다.

지금 가령 사방 5.5cm로 몇 장의 종이를 자른다고 하자. 아무리 열심히 노력해도 또 좋은 가위와 자를 사용해도 5.6cm의 종이도 나오고 5.4cm의 종이도 나올 것이다. 사람이 하는 일이기 때문에 어쩔 수 없이 5.5cm를 중심으로 이리저리 흩어지게 된다. 하지만 그렇다고 5.5cm를 크게 벗어나는 경우도 거의 없을 것이다. 이것을 분포라고 말한다. 일반적으로는 중심(5.5cm)의 확률이 가장 높고 중심에서 오차가 커짐에 따라 발생확률은 낮아진다. 이를 정규분포라고 한다.

다음으로 프로골퍼가 치는 5m의 퍼트를 예로 들어 보자. 프로니까 당연히 컵인할 확률이 높지만, 때로는 5cm 오버될 때도 있고 15cm 쇼트될 때도 있을 것이다. 이렇게 해서 퍼트를 1백 번 해서 컵인이 40번, 10cm 오버가 15번, 10cm 쇼트가 13번, 20cm 오버가 11번, 20cm 쇼트가 10번이 나왔다고 하자.(그림 60) 1백 번의 퍼팅 결과는 컵인을 중심으로 하는 부분이 가장 높고 쇼트와 오버는 좌우로 퍼진, 뾰족한 산 모양을 이룬다. 일반적으로 행위의 수가 늘어나면 사상은 정규분포, 곧 그림과 같은 산 모양을 그린다. 통계적으로 이것을 '대수(大數)의 법칙'이라고 한다. 행위의 수가 절대적으로 적은, 곧 연습이 부족한 아마추어가 매우 어려운 퍼트를 한 번에 집어넣었다 해도 그것은 우연이다.

식스 시그마 활동은 철저한 프로세스 관리로 업무 프로세스에서 발생하는 다양한 에러나 미스를 줄이는 것이다. 이는 통계적으

로 말하면 옆으로 퍼지는 부분을 줄여 더 날카로운 모양의 산을
만드는 것이다.(그림 61)

● 평균값과 분산(산포)

앞에서 분포를 설명할 때 중심이라는 단어를 썼는데, 분포에서
중심의 가장 발생확률이 높은 값을 평균값이라고 하고 평균값(중
심)에서 어긋나는 정도를 분산이라고 말한다. 다시 프로골퍼의 예
를 들면 컵인할 확률이 가장 높으므로 분포의 평균(중심)은 컵인
인 셈이다. 한편 분산이란 컵인하지 못했을 때 공과 구멍 사이의
거리를 말한다. 분산의 상태를 나타내는 척도의 하나로 '범위'가
있다. 만약 두 명의 골퍼가 퍼트 경쟁을 했다면 1백 번의 퍼트를 했
을 때 평균값은 양쪽이 제로(컵인)이다. 하지만 70번은 5cm 이내
(컵인 포함)인 A와 70번이 15cm 이내인 B의 경우 A편이 '분산
의 범위가 좁다', 즉 '실력이 좋다'라는 이야기를 듣게 된다. 좀더
알기 쉽게 말하면, 두 명의 프로가 두 번씩 퍼팅했을 때 C는 1회에
10cm 오버하고 2회에 10cm 쇼트한 반면 D는 두 번 모두 컵인했
다고 할 때 C의 평균값은 '10+(-10)/2=0', D는 '(0+0)/2=0'
이 되어 평균값은 모두 제로이다. 하지만 '범위'는 '최대값-최소
값'으로 나타내기 때문에 C가 '10-(-10)=20'으로 20cm인 반면
D는 '0-0=0'로 0cm가 된다. 따라서 D가 실력이 좋다는 사실이
증명된다.

이제 평균값만으로 사물을 평가하는 것이 왜 위험한지 이해했

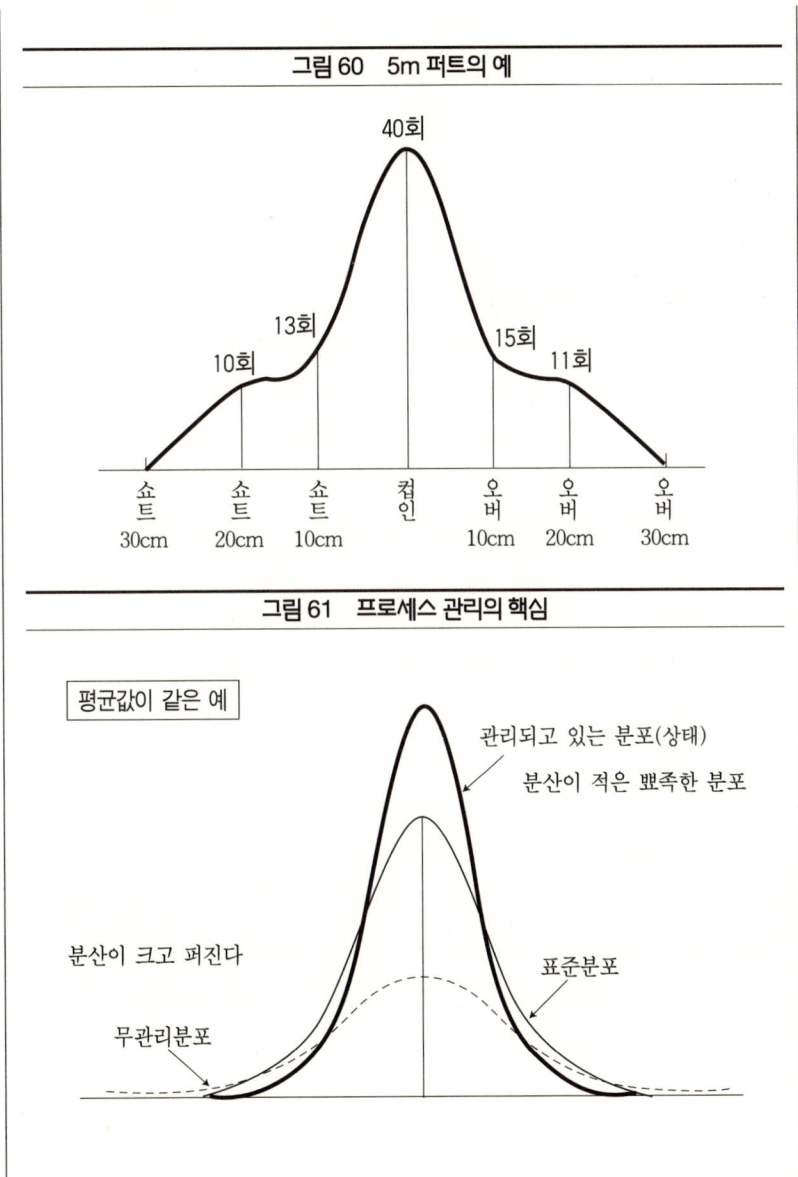

그림 60   5m 퍼트의 예

40회

13회

10회

15회

11회

쇼트	쇼트	쇼트	컵인	오버	오버	오버
30cm	20cm	10cm		10cm	20cm	30cm

그림 61   프로세스 관리의 핵심

평균값이 같은 예

관리되고 있는 분포(상태)

분산이 적은 뾰족한 분포

분산이 크고 퍼진다

표준분포

무관리분포

을 것이다. 6σ 수준의 업무 프로세스를 달성·유지하려면 높은 수준의 평균값을 설정하기보다 평균값의 차이를 줄이는 것이 중요하기 때문에 조금 까다로운 '통계처리'가 필요한 것이다.

◉ 시그마(σ)

확률을 정확하게 산출하려면 반드시 적절한 수의 샘플(시행수)을 확보해야 한다. 왜냐하면 샘플수가 적으면 결과가 우연에 의해 좌우될 가능성이 높아지기 때문이다. 야구를 생각하면 1년을 통해 3백 타수 1백 안타의 타자와 30타수 10안타의 타자 가운데 어느 쪽을 신뢰할 수 있을까? 확률만으로 표현하면 둘 다 3할 3푼 3리여서 양자의 실력차를 측정할 수 없기 때문에 프로야구에서는 '규정타석수(시합수×3.1)'라는 기준을 세워 연간 4백21타석(1997년도)을 채우지 못한 타자의 타율은 공식기록과 타율 순위에 넣지 않는다. 규정타석수의 배후에는 샘플수를 고려한 격차를 표시하는 척도인 '표준편차'라는 개념이 있다. 시그마란 이 표준편차의 정도, 즉 분포의 확산 정도를 나타내는 단위이다. 표준편차(시그마)는 정규분포에서 산의 높이와 퍼지는 넓이를 특정하여 수치처리에서 우연을 배제한 것이다. 예를 들어 샘플수가 적으면 높이가 매우 낮고 좌우로 퍼진 분포도가 되기 때문에 한눈에 알 수 있다. 그러므로 업무 프로세스를 6σ 수준으로 관리하려면 거기에 상당하는 양의 샘플수를 모아야 한다.

● 관리한계

　여기까지 통계적인 분포의 특성을 설명했는데 상당히 까다로웠을 것이다. 경영관리에서 통계학은 '관리한계'의 개념에 부딪히면 좀더 복잡해진다. 관리한계란 에러와 정품이 갈리는 지점의 값이다. 어느 담배회사를 예로 들어 관리한계를 설명해 보기로 하자. 이 회사에서는 자사에서 생산하는 담배의 길이를 7cm로 규정하고 6.9cm에서 7.1cm를 정품으로 잡았다. 결국 이 회사가 허용하는 오차의 범위는 7cm를 중심으로 ±0.1cm인 셈이다. 이때 6.9cm를 관리 하한선, 7.1cm를 관리 상한선이라 부른다. 이 예에서는 상한선, 하한선 모두 오차가 0.1cm였지만 엄밀히 말하면 관리한계의 상한 오차와 하한 오차가 다른 경우도 있다. 이 경우에는 통계적 처리가 복잡하다는 것만 지적해 두고 자세한 설명은 피하기로 한다.

　담배회사로서는 생산한 담배가 모두 관리한계에 들어가면 길이 불량은 제로로 간주한다. 관리한계를 엄격히 하면 할수록 업무 프로세스의 관리도 더욱 엄격해지고 이에 따라 일반적으로 제품과 서비스 가격도 높아진다. 하지만 관리한계를 늦추면 불량품의 혼재율이 높아진다. 그러므로 관리한계를 늦추면서 여전히 전과 동일한 수량의 정품을 출하하고 싶다면 생산량을 늘려야 한다. 하지만 최근에는 대량생산이 환경 문제와 직결되고 품질에 관한 고객의 인식도 높아졌기 때문에 식스 시그마 기법의 관리한계의 엄격화가 시기적절한 행동이라고 할 수 있다.

업무 프로세스를 관리할 때에는 발생한 미스가 '주목할 만한 미스'인지 '무시할 만한 미스'인지 판단하는 것이 중요하다. '무시할 만한 미스'란 확률적으로 우연히 일어난 미스이다. 이 현상이 나타났을 경우에는 국부적으로 업무 프로세스를 검증해 보았자 아마 프로세스의 결함을 찾아낼 수 없을 것이다. 하지만 현장과 기술부문 등이 조사에 들인 시간, 업무의 일시 정지시간 등은 총 코스트를 증대시킨다. 그렇지만 가장 곤란한 사태는 코스트 등의 손해규모가 아니라 현실로 드러난 미스를 없애는 데에만 전념한 나머지 안이하게 프로세스를 바꾸어 버리는 일이다. 경영간부가 변경을 결정했고 또 그것이 전체 최적화를 고려한 방침에 토대한 것이라면 문제는 없다. 하지만 소집단활동의 팀원이라면 능력과 직무권한상 위의 과정을 거치기 어렵다. 그래서 결과적으로 최초의 미스는 없앴을지라도 다른 업무 프로세스에 치명적인 '새로운 미스'가 발생한다. 회사 전체의 관점에서 보면 국부적인 개선이 회사 전체의 손실을 크게 만든 것이다. 이런 종류의 미스를 통계용어에서는 '제1종의 미스'라고 부른다. 이것은 경찰이 모든 시민을 범인으로 간주해 결국은 착한 사람마저 체포하는 식의 미스의 유추(analogy)이다.

한편 '무시할 만한 불량'이라고 생각했는데, 사실은 치명적인 불량일 경우 문제가 더 심각하다. 기업에는 매출·이익 등과 같은 단기적 손실보다 기업 이미지, 브랜드 이미지의 추락 같은 장기적으로 회복하기 어려운 손실이 훨씬 많은 피해를 가져오기 때문이다. 이러한 치명적인 미스를 통계용어로는 '제2종의 과오'라고 부른다. 위의 경찰의 유추를 예로 들면 정말 체포해야 할 범인을 놓쳐 버리는 미스를 범하는 것과 같다. 제2종의 과오를 줄이려면 필연적으로 제1종의 과오를 증가시키게 된다. 요컨대 치명적인 불량을 절대로 놓치지 않는 유일한 방법은 모든 미스를 치명적 불량으로 간주하고 모든 프로세스를 철저히 조사하는 것이다. 하지만 무관한 프로세스까지 마구 손을 대 전체에 악영향을 끼친다면 제1종의 과오에 빠져 버린다.

그러므로 프로세스의 개선 여부를 판단할 때 식스 시그마 기법의 기본지식이 필요하다. 왜냐하면 식스 시그마 기법이야말로 전체 최적화의 관점에서 미스에 대한 대처방법을 설명할 수 있는 유일한 기법이기 때문이다.

● 신뢰도

통계학에서는 무슨 일이건 100%는 없다고 생각한다. 다시 한번 골퍼의 예를 들면, '그는 2백80야드를 친다'라는 말에서 일반인은 '그는 대체로 2백80야드 안팎을 치는구나'라고 판단할 것이다. 그러면 도대체 '안팎'이란 몇 야드를 가리키는 것일까? 또 '대체로'란 어느 정도일까? 사회에서는 이러한 애매한 단어를 매우 자연스럽게 받아들인다. 하지만 통계학에서는 모든 것을 수치정보로 처리해야 하기 때문에 애매함까지도 통계적으로 표현해야 한다. '신뢰도'란 이러한 애매함을 수치적으로 나타내는 개념이다.

위의 골퍼가 훌륭한 실력의 소유자라면 일반적으로 '열 번에 일곱 번은 2백60에서 3백 야드를 친다'고 표현한다. 이를 신뢰도 개념을 사용해 통계적으로 나타내면 골퍼 A의 실력은 '70%의 신뢰도에서 신뢰구간은 2백60~3백 야드'가 된다. 그리고 이것이 의미하는 바는 골퍼 A의 실력이 적절하게 유지되어도 '열 번에 세 번 정도는 2백60야드 이하, 3백 야드 이상을 친다'라고 정의된다. 요컨대 2백50야드밖에 치지 못했어도 그 빈도가 열 번에 세 번 이내라면 골퍼 A의 실력이 떨어졌다고 판단하지 않는 것이 통계학이다. 통계학에서는 A가 2백50야드도 치지 못했다고 해서 이것을 그의 노화현상이라고는 보지 않는다. 통계학상의 판단은 매스컴의 판단과 달리 신중하다.

'신뢰도'를 대강 이해했다면 이제 현실의 사업을 예로 들어 설명하기로 하자. 신뢰도가 70%라면 현실에서는 사업에 성공할 수 없으므로 여기서는 신뢰도 99%인 경우를 생각하자. 통계학에서는 신뢰도 99%인 경우 백 번에 한 번의 실수는 무시한다. 왜냐하면 1%(1-신뢰도=1-0.99=0.01=1%)의 확률은 거의 일어나지 않는 것과 같다고 생각하기 때문이다. 그러므로 신뢰도란 어쩌면 '우연'의 범위를 규정하는 개념일 수도 있다. 통계학에서는 한 번 내린 판단은 절대시하지만 거기에 이르는 의사결정에는 신중하다. 그러므로 신뢰도를 설정하지 않는 한 영원히 판단을 내릴 수 없다. '1%의 확률로 판단이 틀릴 수 있다'라고 말하지 않는 한 1%의 미스는 포기할 수밖에 없다. 하지만 백 번의 샘플링 가운데 두 개가 불량이라면 프로세스를 철저히 점검해야 한다. 왜냐하면 통계상 이 상태는 우연이 아니라 프로세스에 무언가 이상이 발생한 것으로 간주되기 때문이다. 이러한 성질을 가진 신뢰도를 95%로 할지 99%로 할지는 전략적으로 모든 코스트를 분석한 뒤 신중하게 결정한다. 이렇게 검출된 미스가 우연의 산물인지 변화의 징조인지를 논리적으로 따지는 것이 통계학이다.

● 관리도

식스 시그마 기법은 미스와 에러 자체에 표적을 맞추는 것이 아니라 그 불량을 낳은 프로세스에 주목한다. 이렇게 프로세스를 관리하기 위해 지금까지 '확률'에서부터 '신뢰도'의 순으로 설명한 개념을 종합한 것이 '관리도'이다. 관리도의 구조는 가로축을 시간축, 세로축을 수치로 놓고 시계열(時系列) 경향을 선으로 연결해 놓은 것이다. 단순하기는 하지만 여러 가지를 알 수 있는 편리한 도구이다. 관리도는 QC를 실현하는 '7가지 도구'의 하나로 고안되었다. 그림 62에서 보듯이 커다란 특징은 프로세스의 현재 상황뿐 아니라 과거의 추이·경향 등까지 한눈에 볼 수 있다는 점이다.

이 기법은 일상생활에서도 다양하게 활용된다. 예를 들어 몸무게 60kg인 사람이 있고 신뢰구간이 ±5kg이라고 하면 60kg을 중심으로 상한값 65kg, 하한값 55kg의 '체중관리도'를 작성할 수 있다. 처음에는 60kg 안팎이었지만 최근에는 62kg에서 64kg 사이를 오가는 사람은 관리한계 내에 있기는 하지만 경향적으로는 주의가 필요하다. 이것이 '눈으로 보는 관리'이다. 그러나 이 사람에 대한 관리는 어디까지나 주의신호에 머물러야 한다. 왜냐하면 만약 64kg을 넘는 단계를 비상사태라고 판단한다면 최초의 관리 한계값의 설정이 잘못되었을 가능성이 높기 때문이다. 이렇게 신중히 검토해 기준을 설정하지 않으면 그 뒤의 관리가 의미 없다는 사실을 철저히 인식해야 한다. 하지만 동시에 통계적 결론만으로는 프로세스를 적절하게 유지할 수 없다는 점도 이해해야 한다. 통계적 처리·기법을 활용할 때에도 사람의 직감과 경험을 가미하는 것이 필수적이다. 식스 시그마 시대가 되면 사람들은 통계 처리결과를 활용하여 의사결정을 내리는 것이 경영이라고 말하게 될 것이다.

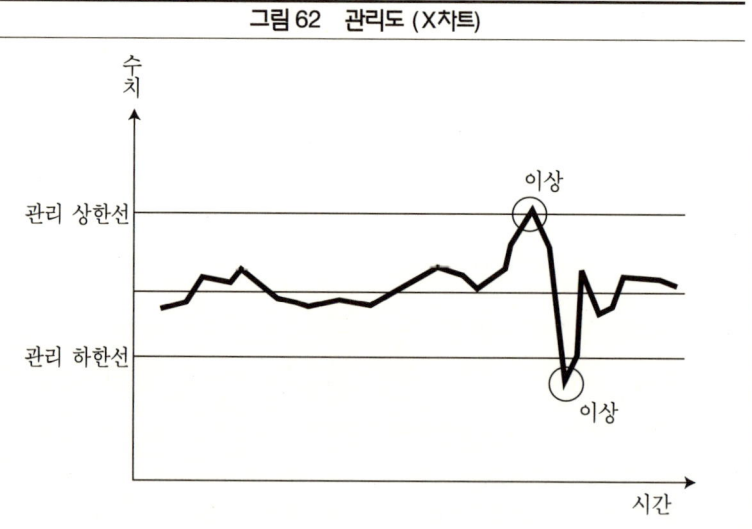

그림 62   관리도 (X차트)

참고문헌

◉ Mikel J. Harry. Ph.D. ‘The Nature of Six Sigma Quality’ Motorola University Press

◉ Charles A. Sengstock, Jr. ‘Quality in the Communications Process’ Motorola University Press

◉ ‘GE Quality 2000 : A Dream with A plan’, ‘A Learning Company and Its Quest for Six Sigma’ 他GE社株主向け資料

◉ ‘IBMの變革—MDQガイドブック’ (The Transformation of IBM : A Market-Driven Quality Reference Guide) 日本IBM株式會社

◉ Philip Kotler ‘Marketing Management, Ninth Edition’

◉ 1981～1996年度GEアニコアル・レポート

◉ 大前研- ‘企業參謀’ ダイヤモンドータイム社

◉ 嶋口充輝 ‘戰略的マーケティングの論理’ 誠文堂新光社

◉ B・カーレフ ‘入門 企業戰略事典——實踐的コンセプト＆モデル集’ ダイヤモンド社

◉ 今井正明 ‘カィゼン’ 講談社

◉ “Toward a New Industrial America” ‘SCIENTIFIC AMERICAN’ JUNE 1989 Number6

◉ ロバート・スレーター著/仁平和夫譯 ‘進化する經營——史上最強組織を生んだGE會長ウェルチ語錄’ 日經BP出版センター

◉ M・フラー/村澤義久 ‘グローバル・スタンダード經營’ ダイヤモンド社

◉ R・スレーター ‘GEの奇跡’ 同文書院

◉ 石倉洋子 ‘ABB 統制と創造のネットワーク・マネジメント’ ダトヤモンド・ハーバード・ビジネス1997年1月號

◉ G・ハメル＆C・K・プラハラッド ‘日本企業の世界戰略成功の鍵ストラテジック・インテント’ ダイヤモンド・ハーバード・ビジネス1989年11月號

- P・ハスペスラフ 'ポートフォリオ・プランニングその活用と限界' ダイヤモンド・ハーバード・ビジネス1982年6月號
- 週刊ダイヤモンド 'GEキャピタル "世界最大のノンバンク" が仕掛ける對日作戰の全貌'(1997年11月18日號) '本社社員だけでも一七國籍 國際的組織が現地化の武器に'(1998年1月31日號)
- 日經産業新聞 1997年11月12日, 1997年12月2日, 1998年1月7日, 1998年2月1日, 1998年2月5日, 1998年2月20日
- 日經ビジネス 'ジャック・ウェルチ會長―强さの秘訣を語る 變化の時代に "過去" は障害 リーダーは部下を鼓舞激勵セよ'(1996年11月19日號) 'GE, 品質改善へ猛進 ウェルチ流經營は總仕上げに'(1997年9月8日號) 'GE, 100億ドル削減のマジック ウェルチ流 "盗作" して學ぶ法'(1997年3月3日)
- BUSINESS WEEK(10/28/1996), JACK WELCH'S ENCORE
- THE WALL STREET JOURNAL, 4/25/1996, 1/13/1997
- Information Week, 1/27/1997
- Business Wire, 6/2/1997
- Investor's Business Daily, 12/24/1996
- Purchasing, No. 199
- Chemical Week, No. 159
- COMPUTERGRAM, 5/30/1997
- Western Morning News, 8/21/1997
- Financial Times, 2/24/1997
- Daily Telegraph, 12/4/1996
- 《現代用語の基礎知識1998》自由國民社

후기

　'식스 시그마'는 최신 경영기법은 아니다. 우리가 그것을 과감히 연구 주제로 고른 계기는 이 책에서 여러 차례 언급한 GE의 96년도 연례보고서였다. GE의 식스 시그마 활동 전개는 전부터 일본에 소개되었고, 식스 시그마의 본가인 모토롤라에서의 역사는 몇 해 전으로까지 거슬러 올라간다.

　이렇게 그다지 새롭지 않은 기법을 구태여 지금 연구하는 이유는 식스 시그마가 평상시 우리가 컨설팅 활동을 하면서 부딪혀 온 과제의 해결을 도와 주는 기법임이 분명해졌기 때문이다. 대상 업종과 사업규모가 어떠하든 언제나 각종 컨설팅 활동에서 마지막까지 커다란 벽으로 남는 것은 '목표설정', '기준설정'의 문제이다. 컨설테이션에서 정량/정성을 모두 사용할 때조차 무엇으로 기준을 삼는가는 그 결과가 최종적으로 개인의 평가로 이어지기 때문에 절대 틀려서는 안 되는 매우 미묘한 부분이다. 비록 똑같은 기업이라도 사업부문간 사업특성의 차이를 고려하지 않고 일률적인 기준을 설정한다거나 기업 상층부와 관리직의 '성향'에 따라 애매하게 기준을 설정하는 것은 결국 현장에 불만족 요인으로 작용한다. 또 같은 마케팅부문에 속해 있어도 연구개발 담당과 영업 담당은 사용하는 전문용어나 밑바탕이 되는 발상이 다르기 때문에 '말이 통하지 않는' 경우도 많다. 그 결과 고객의 요구와 괴리된 제품 서비스를 시장에 내놓는 비극적인 사태를 불러올 위험성도 있다.

이는 복수의 사업을 글로벌하게 전개하고 있는 대기업에게는 매우 중대한 문제이다. 사업규모가 계속 커지고 사업분야가 계속 확대되는 '원심력의 작용'으로 사업이 순조롭게 진행되는 동안에는 괜찮을지도 모른다. 하지만 경쟁이 치열해지고 구심력이 떨어져 시너지가 약화되기 시작하면 아무리 이상적인 기업이념을 가진 기업이라 해도 추락 궤도를 수정하기란 쉬운 일이 아니다. 최고 책임자의 카리스마와 강력한 리더십을 가지고도 어떻게 할 수 없는 '규모의 한계'가 존재하기 마련이다.

현대의 대기업은 사업을 평가하기 위한 구체적인 척도와 누구라도 이해할 수 있는 명쾌한 논리를 바라고 있다. 따라서 왜 세계의 주요 기업들이 앞다투어 기본적인 통계지식만 익히면 논리적으로 기준을 설정할 수 있는 식스 시그마 기법을 도입하고 있는지 납득할 수 있을 것이다.

이렇게 평가기준의 설정은 모든 대기업에게 중요한 주제이다. 그러나 우리는 식스 시그마 기법을 모든 기업이 지금 당장 도입해야 한다고 주장하는 것은 아니다. 책 속에서 언급했듯이 현재 경영관리 수준에서 풀어야 할 과제를 가진 기업은 즉각 도입하기 어렵다. 하지만 그러한 기업이라도 식스 시그마의 관점과 경영의 최첨단을 걷는 기업의 도입 프로세스를 배우는 것은 매우 의미 있는 일일 것이다.

새로운 경영기법과 컨셉이 등장할 때마다 기업은 거기에 온통 관심을 집중해 왔다. 하지만 많은 경우 기대한 만큼 효과를 얻지 못하고 한때의 유행으로 끝나 버린다. 그러면 그 기법은 다시 '구식'이라고 치부되어 화제에 오르는 일도 드물어진다. 한편 중견기업과 벤처기업 가운데에도 이러한 대기업의 행태에 알레르기를 느끼면서도 역시 유행에 참여하는 곳이 있다. 식스 시그마 기법도 순식간에 구식이 되어 버린 다른 경영기법과 똑같은 취급을 받을 가능성이 없지는 않다. 단순히 통계기법을 사용해 수량적으로 관리하는 것이라면 QC, TQC와 전혀 다를 바가 없고, 'Get the Fact'를 부분적으로만 받아들여 무턱대고 현장에서 두더지 두들기기식 경영 개선 노력으로 끝날 위험성이 있다. 하지만 '경영은 패션이 아니다.' (시미즈 노리히코 사무소 사장 시미즈 노리히코) 경영방침을 토대로 한 전략적 개선 없이는 식스 시그마 기법의 효과는 기대할 수 없다. 그리고 이것은 어려운 주제도 아니고 시간을 들여 논의할 주제도 아니다. 기업 상층부가 도입하기로 결정하느냐 하지 않느냐의 문제이다. 하지만 하나의 기업이 계속 발전하기 위해서는 식스 시그마 기법을 본격적으로 도입해야 하는 날이 반드시 올 것이다. 그 시기는 기업의 풍토와 사업환경에 따라 다르지만,

우리는 식스 시그마가 '20세기 최후의 경영기법'인 이상 아무리 늦어도 다음 세기로 넘어가지는 않을 것이라고 생각한다.

이 책을 집필할 때 쾌히 정보를 제공해 주신 식스 시그마 교육기관들, 모토롤라 대학(Motorola University, Motorola University Press), 에어 아카데미(Air Academy Associates), 식스 시그마 인터내셔널(Six Sigma International), 레이션 시스템(Raytheon Systems Company), 어드번스트 시스템즈 컨설턴트(Advanced Systems Consultants), 식스 시그마 관련 패키지 소프트웨어 공급업자인 미니탭(Minitab Inc.) 각사에 깊은 감사를 드리고 싶다. 또 일본과 미국 사이를 오가는 바쁜 일정 속에서도 우리 취재에 응해 귀중한 조언을 해주신 일본 제너럴 일렉트릭 주식회사의 미야지마 마사타카[宮島正敬] 부장, 다이아몬드사와 우리 사이에 다리 노릇을 해주신 주식회사 마케팅 소프트 대표이사 요네다 세이키[米田淸紀] 씨에게도 깊이 감사드린다. 마지막으로 서로 개성이 다른 우리 세 사람을 이끌고 생각지도 못한 빠른 시간에 책을 낼 수 있게 도와 주신 다이아몬드사 출판국의 쿠가 시게루[久我茂] 씨, 또 처음부터 끝까지 이 기획을 지도해 주신 주간 다이아몬드 편집부 부편집장 모리 겐지[森健二] 씨에게도 마음속 깊이 감사드린다.

저자 일동

KI 308

6시그마 경영

지은이 / 아오키 야스히코 外
옮긴이 / 한국능률협회 식스시그마 추진팀

1판 1쇄 발행 / 1998. 12. 27
1판 2쇄 발행 / 1999. 1. 15

펴낸곳 / 21세기북스
펴낸이 / 김영곤

등록번호 / 제10-314호
등록일자 / 1989. 4. 4

서울시 강남구 역삼동 834-77 로뎀빌딩
전화 / 556-8007(기획·편집), 556-0557(영업)
팩시밀리 / 565-6717, 556-4060

값 12,000원
ISBN 89-509-0369-5 13320

GO MIP 21 (천리안, 하이텔)
경 영 혁 신 정 보

　　개혁하지 않는 기업은 살아남지 못한다! 최근의 경제위기와 경영 환경의 급변은 한국 기업에 과감한 경영혁신을 요구합니다. 기업 경영혁신과 구조조정의 성공적인 수행, 관련 교육, 연구를 돕고자 21세기북스에서 '경영혁신정보(MIP21)'를 개설하였습니다.

　　경영혁신의 최근 화두로부터 지식경영, 정보기술의 도입(IT), 글로벌경영 등 첨단 경영이론을 지식, 실천방법, 사례로 나누어 정보를 제공합니다. 경영전략, 임금제도, 조직, 고객만족경영, 마케팅, 물류, 연구개발, 생산, 품질, 공장혁신, 재무, 회계 등 경영 현장 각 부분에 걸친 혁신 이론과 사례는 물론 리엔지니어링, 벤치마킹 등 기업의 경쟁우위를 창출하는 전사혁신 이론과 실천 방법론, 성공사례가 풍부하게 제공됩니다. 또한 경영혁신 도입을 위한 전략 시트 자료도 구할 수 있습니다.

천리안 : GO MIP 21 | 초기화면 → 14. 산업 / 경제 → 8. 경영 / 노동 / 마케팅 → 14. 경영혁신정보

경영혁신정보(MIP21)　　　　　　　　　　21세기북스(02-556-8007)

〔경영혁신 월드베스트〕　　　　　　　　　〔경영혁신 기업 사례〕
1. 경영혁신 Hot & New　　　　　　　　　21. 업종별 / 산업별 사례
2. IT / 지식경영 / 글로벌경영　　　　　　22. 한국 / 일본 / 구미 기업 사례
3. 전략 / 임금 / 평가 / 조직　　　　　　　23. 성공한 이색기업 / 독자경영
4. 고객만족 / 마케팅 / 물류
5. R&D / 생산 / 품질 / 공장혁신　　　　　〔리더의 마인드 혁신〕
6. 파이낸싱 / 벤치마킹 / 전사혁신　　　　31. 리더십과 자기계발 혁신
　　　　　　　　　　　　　　　　　　　　32. 사고력 / 창의력 / 커뮤니케이션
11. 경영명저 다이제스트
12. 이노베이션 자료실　　　　　　　　　　41. 공지사항
13. 오늘의 경영혁신 용어/명언　　　　　　42. 자유게시판

　　　　　　　　　　　　　　　　　　　　77. 키워드 검색

GO SDP 21 (하이텔, 유니텔)

직장인 자기계발 정보

직장인의 성공개념이 급변했습니다. 이제 '평생직장'이 아닌 '평생직업'을 지향하는 시대, 냉철한 판단력과 전문성을 가진 사람이 대접받는 프로패셔널의 사회를 접하고 있습니다. 충성과 열정보다는 캐리어와 능력에 바탕을 둔 '몸값' 관리가 중요합니다. 21세기북스에서는 또 다른 성공을 꿈꾸며 발전을 지향하는 비즈니스맨을 위해 '직장인 자기계발 정보'를 열었습니다.

새로운 변화의 계기를 마련하는 MBA, 재교육, 고급/국제자격증, 헤드헌팅에 관련한 정보와 전략/기획/사고력, 업무전문성, 리더십, 팀웍, 프리젠테이션, 커뮤니케이션, 글로벌비즈니스, 정보기술 활용 능력을 길러주는 전문 정보들이 풍부합니다. 그리고 성공을 거둔 사람들과 회사의 노하우를 사례를 통해 발견합니다. 그 밖에 비즈니스의 매너, 교양, 상식부터 건강, 스트레스, 시간관리, 재테크, 부업, 창업 등 직장인의 성공과 발전을 위한 모든 정보들을 만날 수 있습니다.

유니텔 GO SDP21 | 초기화면 → 비즈니스 → 계층별사업정보 → 직장인자기계발정보

직장인 자기계발 정보(SDP21)

자기변신 굿찬스

▶ 도전 MBA / 재교육 프로그램
▶ 캐리어개발 / 자격증 / 헤드헌팅
▶ 외국인회사 / 해외취업 정보

리더십 / 업무전문성 / 커뮤니케이션

▶ 전략 / 기획 / 사고력 개발
▶ 계층 / 직종 / 업종별 직무능력
▶ 업무프로세스 혁신
▶ 리더십 / 비전 / 팀웍 / 동기부여
▶ 프리젠테이션 / 문서작성
▶ 협의 / 상담 / 회의 / 강의 / 강연

21세기북스(02-556-8007)

비즈니스맨 시대 읽기

▶ 성공인물 / 성공기업
▶ 신경영이론 / 사회문화 트렌드
▶ 국제화 / 세계화 비즈니스
▶ 정보기술과 비즈니스

자기관리 / 생활경영

▶ 매너 / 교양 / 상식
▶ 건강 / 스트레스 / 시간관리
▶ 재테크 / 부업 / 창업

▶ 비즈니스 명저 다이제스트
▶ 자기계발 자료실
▶ 자유게시판 (무료)

자료회원 가입 신청서 (무료)

자료회원은 e-mail이나 팩스로 항상 신간 정보,
경제경영 정보를 받아볼 수 있으며
홈페이지로 오시면 도서 관련 자료도 열람하실 수 있습니다.
아래 사항을 적어서 팩스(02-556-4060)로 보내 주시거나 홈페이지
(http://book21.co.kr)로 들어오셔서 등록하시면 됩니다.

성명 :		남·여(세)
직장명 :		
부서명 :		
직책 :		
통신ID :		
인터넷 e-mail address :		
사료받는곳	주소 :	(직장·자택)
	전화 :	
	팩스 :	

21세기 한국기업의 미래를 여는 **21세기북스**

서울 강남구 역삼동 834-77 로뎀빌딩 02)556-8007 FAX. 02)565-6717

Six Sigma는 2000년을 열어 줄 성공경영의 마지막 해법입니다

한국능률협회 "Six Sigma 솔루션(Solution)" 개발배경

- **1988년~1993년**
  Phillip Crosby Association과의 업무제휴를 통해 품질석학의 올바른 품질개념을 국내산업계 보급

- **1990년부터 TQM 지도 활동**

- **1993년부터 독일의 TÜV와 업무제휴를 통해 선진 경영품질 마인드의 국내정착**

- **1997년말부터 Six Sigma방법론 개발:**
  TQM을 통한 Business Excellence 모델 연구

- **1998년 H사 경영혁신 Six Sigma 추진자 교육 및 다수의 공개 세미나를 통해 Six Sigma의 개념, 적용방법 등 선진기법의 국내의 제조 및 서비스현장에 적합한 프로그램 보급**

- **1998년 11월 Six Sigma 활동의 선진사례 국내 접목을 위한 해외업무제휴:** Six Sigma Qualtec(전 Six Sigma International)

- **1998년 12월 17일 —— KMA Six Sigma 특별위원회 발족:**
  현재 Six Sigma 경영혁신 활동의 선봉에 있는 GE의 한국지역법인, GE International 대표인 강석진 사장을 중심으로 경영품질향상에 관심 있는 업종별 국내 우량기업의 대표들로 구성됨.

Six Sigma는 2000년을 열어 줄 성공경영의 마지막 해법입니다

성공적인 Six Sigma 솔루션(Solution) 모델

▷ 추진모델

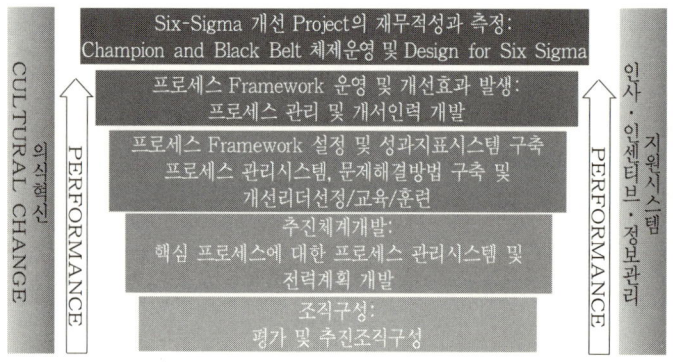

▷ 문제해결 모델

Six Sigma는 2000년을 열어 줄 성공경영의 마지막 해법입니다

경영의 척도는 Process의 수준입니다
경영품질활동은 Process의 수준을 향상시키는 활동입니다

■ Input(X)⇒ **PROCESS** ⇒ Output(Y)

프로세스의 구조를 위의 그림과 같이 Input과 Output의 함수관계, Y=f(X)라 규정하고, 독립변수(Input Variables) X의 산포를 제거하여 종속변수(Products or Services) Y를 무결점화하는 접근법. 통계적인 사고를 바탕으로 현상을 수치화하고 문제의 최적해를 도출하기 위한 Measure, Analyze, Improve, Control의 단계적인 활동이 Six Sigma 방법론(Methodology)입니다.

성공적인 Six Sigma 활동을 위해서는 Six Sigma 방법론에 숙련된 개선전문가가 필요합니다.

■ 한국능률협회가 한국산업계의 경영품질이 세계 초우량 수준으로 발돋음하는 데 견인차 역할을 하기 위해 국내·국외의 Six Sigma 활동에 경험 있는 전문가를 다수 보유하여 국내 기업의 경영환경에 맞는 Six Sigma 솔루션(Solution)을 공급합니다.

▷ 한국능률협회 식스 시그마 추진팀
[전화] 3786-0156, 0157, 0158, 0159 / [팩스] 784-0076

□상무이사	고기전		
□본부장	김영일	□추진팀장	최면중
□수석컨설턴트	정현모	□컨설턴트	이종석
□선임연구원	김병선	□주임연구원	오정인